2022
공공기관 민간위탁 운영현황

Public Institution Private Consignment
Operation Status

배성기 지음

한국민간위탁경영연구소
Korea Contracting-out Management Institute

2022. 3.

공공기관 전체사무
민간위탁 운영현황

한국민간위탁경영연구소는 정부에서 운영하는 민간위탁 공공서비스의 효율성 향상을 위해 설립된 연구기관입니다. 민간위탁은 성과지향형 공공서비스제공 공급방식의 하나로써 더 나은 정부, 더 효율적인 정부로 가기 위한 제도입니다.

세상의 모든 사물은 세상의 변화를 수용해야 합니다. 민간위탁 사무 또한 운영 목적이나 사회적 가치변화를 수용해야하기 때문에 지속적으로 변화해 왔습니다. 현행 민간위탁 사무의 유형은 공익적 성격과 사익적성격의 사무가 혼재되어 스펙트럼이 다양합니다. 시대적 흐름과 환경변화에 맞는 민간위탁사무는 갈수록 커뮤니티거버넌스형(CG) 공공서비스 제공방식으로 변화 되어 가고 있습니다.

이를 효율적으로 관리하기 위해서는 민간위탁의 본질을 이해해야 하는데, 대표적인 영문표기가 contracting out인 것처럼 구매계약 또는 외주계약으로 계약에 관한 전반적인 프로세스를 이해하고 계약관리능력이 필요한 제도라는 것을 이해해야 합니다. 민간위탁 과정은 먼저 민간위탁을 위한 추진계획을 수립한 후 지방의회의 심의를 거쳐 민간위탁 선정심의위원회의 선정과정을 통해 최종 민간위탁 사업자를 선정하게 됩니다. 이 과정에 민간위탁 업체선정을 위한 계약법검토, 조례제정 또는 개정, 적정 위탁비용 산정, 위탁 후 성과평가 결과 적용을 위한 지표개발 등 세부적이고 전문적인 연구결과를 통한 의사결정 자료가 필요하게 됩니다. 이러한 연구결과는 민간기업이 공공서비스를 제공할 때 지속적인 품질 개선을 유도함으로써 서비스경쟁력을 향상시키고, 지자체는 효율적인 예산운영을 통하여 과대 또는 과소예산으로 인한 사회적 비용을 감소시키며 재정운영의 건전성을 증대시키는 효과가 있습니다. 이와 같이 민간위탁만을 연구해온 저희 연구소는 다양한 연구를 통해 얻은 노하우를 바탕으로 좀 더 선진화된 민간위탁 의사결정 자료와 효율적인 운영방안을 제안하는 역할을 수행할 것입니다.

연구소장 배성기

주요연구분야	연락처
공공서비스디자인(Public Service Design)	전화 : 02 943 1941
민간위탁관리(Contracting Out Management)	팩스 : 02 943 1948
사업타당성검토(Project Feasibility)	이메일 : kcomi@kcomi.re.kr
정부원가계산(Government Cost Accounting)	홈페이지: www.kcomi.re.kr
정부보조금정산(Government Grant Accounting)	
공공서비스성과평가(Public Service Performance Evaluation)	
사회적경제기업(Social Economy), 사회적가치평가(SROI)	
조직 진단(Organizational Structure Design)	
공공관리혁신(Public Management Innovation)	
사회기반시설 자산관리(Infrastructure Asset Management)	

2022 전국 공공기관 「전체사무 민간위탁 운영현황」은 이렇게 발간되었습니다.

1. 조사개요

　민·관 협업은 학계와 실무계를 불문하고 사회 각계각층이 이 주제의 중요성을 인식하고 처방적 대안 마련에 관심을 쏟고 있음에도 불구하고 민간위탁 케이스별 연구만이 주로 되어 왔습니다. 또한 사회적 현상을 기반으로 공공서비스의 유형을 공공서비스, 준공공서비스, 선택적 공공서비스 등으로의 구분하고 공익성의 정도에 따른 관리기법 및 예산운영 방법 등을 심도 있게 연구한 연구문헌이 부족한 상황입니다.

　민·관 협업형 공공서비스는 국민들과의 최접점에서 공급되는 공공서비스로 지속적으로 성장하는 국민들의 공공서비스 수요를 반영하고 개선하기 위해서는 다양한 주제와 분야별로 지속적인 연구가 되어야 합니다. 하지만 이러한 연구를 하기 위한 기초적 통계자료가 없다는 것은 실로 놀라운 일이 아닐 수 없습니다.

　따라서 본 조사는 전국 1,580개 공공기관 전부를 대상으로 민간위탁 현황을 분석하기 위해 「공기업·준정부기관 예산편성지침」에 따른 운영예산 산정, 민간이전 지출근거, 입찰방식, 계약기간, 서비스(성과)평가 유무, 정산방법, 수탁기업 현황 등에 대한 기초통계자료를 정보공개요청을 통해 조사하였습니다.

　본 조사를 통해 얻을 수 있었던 것은 동종의 민·관 협업사무라도 운영예산규모, 입찰방식, 민간이전 지출근거, 위탁비용 산정기준, 서비스(성과)평가 유무 등이 같지 않다는 것을 알 수 있었습니다. 이를 검증하기 위해서는 심도 있는 연구가 수행 되어야 하겠으나 이런 비교결과조차도 유의미하다고 생각됩니다.

　전국 공공기관 전체사무 민간이전 운영현황 통계조사의 효용성은 첫째, 유사 민·관 협업사무의 운영예산 확인을 통한 예산운영의 적정성을 판단할 수 있는 기준자료, 둘째, 적정비용 산정기준 확인, 셋째, 성과평가 기준 확인, 넷째, 민간위탁기업명 확인을 통한 경쟁력 있는 기업선정 기초자료 확보 등과 같습니다.

　상기와 같은 조사를 통해 궁극적으로 얻고자 한 것은 「건전한 긴장관계 유지」입니다. 전국 공공기관 민간위탁 운영현황을 통해 사무의 종류와 예산의 규모, 협업 수행 기업의 종류와 유형이 공개됨으로써 민·관 협업사무를 추진하는 입장에서는 선택의 폭이 넓어질 것이고, 서비스를 받는 국민의 입장에서는 서비스기업 간 경쟁시스템이 올바르게 갖추어져, 좀 더 체계적이며, 경제적이고, 만족할 만한 공공서비스가 제공 되어질 것입니다.

　본 현황분석은 한국민간위탁경영연구소의 다섯 번째 전국단위 공공기관 전체사무 민간이전 운영현황 통계조사를 한 것으로서 미흡한 부분이 다소 존재합니다. 하지만 전국 민·

관 협업 서비스 발전을 위한 기초 연구자료로써 중요한 역할을 할 수 있을 것을 기대합니다. 도움을 주신 전국 공공기관 민·관 협업사무 담당자분들께 감사드립니다.

2. 조사기간 : 2022년 1월 14일 ~ 2022년 1월 31일

3. 조사결과

(회신:73개 기관/단위: 건, 천원)

구분	민간위탁 근거			
	법률 규정	국가보조 재원 (국가지정)	공공기관 필요에 따른 내부 결정사항	조례 등 지자체 명시
합계	337,237,234	18,145,125	872,793,553	8,144,356
사업수	604	62	814	45

(단위: 건, 천원)

구분	민간위탁 근거		
	공공기관 내부규정 존재	국가 정책 및 재정사정	기타
합계	14,200,570	12,530,560	72,018,424
사업수	108	9	201

목 차

Chapter1. 2022 공공기관 전체사무 민간위탁 운영현황 ·················· 1

강동문화재단 ·································· 1	과천도시공사 ·································· 13
경기도일자리재단 ···························· 1	관악문화재단 ·································· 13
(재)경기테크노파크 ·························· 1	광명도시공사 ·································· 13
경상남도여성가족재단 ······················ 1	(재)광주과학기술진흥원 ···················· 13
(재)경상북도경제진흥원 ···················· 1	광주광역시도시공사 ························ 13
(재)광주광역시사회서비스원 ·············· 1	구리농수산물공사 ···························· 14
김해문화재단 ·································· 2	국가평생교육진흥원 ························ 15
대구문화재단 ·································· 4	국립생태원 ······································ 15
마포문화재단 ·································· 5	국민연금공단 ·································· 15
(재)부산디자인진흥원 ······················ 5	국토연구원 ······································ 15
부산문화재단 ·································· 5	김포도시관리공사 ···························· 15
안양문화예술재단 ···························· 5	남양주도시공사 ······························ 18
연구개발특구진흥재단 ······················ 5	농림식품기술기획평가원 ·················· 20
은평문화재단 ·································· 6	대구경북과학기술원 ························ 20
의정부문화재단 ······························ 6	대구경북첨단의료산업진흥재단 ········ 20
인천광역시부평구문화재단 ·············· 6	대구도시철도공사 ···························· 20
(재)전남바이오산업진흥원 ················ 6	대전도시공사 ·································· 20
(재)전남테크노파크 ·························· 7	대한체육회 ······································ 20
한국저작권보호원 ···························· 8	도로교통공단 ·································· 21
㈜강원랜드 ······································ 8	독립기념관 ······································ 21
강남구도시관리공단 ························ 8	부산진해경제자유구역청 ·················· 21
강남문화재단 ·································· 8	부산관광공사 ·································· 21
강릉관광개발공사 ···························· 8	부산교통공사 ·································· 21
경기신용보증재단 ···························· 11	부산도시공사 ·································· 22
(재)경북여성정책개발원 ···················· 11	부산항만공사 ·································· 22
경상북도개발공사 ···························· 11	부여군시설관리공단 ························ 22
경상북도문화관광공사 ···················· 11	부천도시공사 ·································· 23
경제·인문사회연구회 ···················· 11	부천산업진흥원 ······························ 23
고양도시관리공사 ···························· 11	서울주택도시공사 ···························· 24
공무원연금공단 ······························ 12	노원구서비스공단 ···························· 24
공정거래위원회 ······························ 12	서울시농수산식품공사 ···················· 24

목 차

성동구도시관리공단 …………………………24	청주시시설관리공단 …………………………43
세종도시교통공사 ……………………………24	코레일테크(주) …………………………………43
안양도시공사 …………………………………25	한국가스기술공사 ……………………………44
양산시시설관리공단 …………………………27	한국교육과정평가원 …………………………44
예금보험공사 …………………………………27	한국교육학술정보원 …………………………45
예술의전당 ……………………………………27	한국국제협력단 ………………………………45
오송첨단의료산업진흥재단 …………………27	한국국토정보공사 ……………………………45
용산구시설관리공단 …………………………28	한국농어촌공사 ………………………………45
용인도시공사 …………………………………28	한국디자인진흥원 ……………………………57
용인문화재단 …………………………………29	한국무역보험공사 ……………………………57
(재)우체국물류지원단 ………………………29	한국방송통신전파진흥원 ……………………57
울산광역시남구도시관리공단 ………………29	한국법무보호복지공단 ………………………57
울산도시공사 …………………………………30	한국보건산업진흥원 …………………………57
의왕도시공사 …………………………………30	한국보훈복지의료공단 ………………………57
인천관광공사 …………………………………30	한국산업기술진흥원 …………………………58
이천시시설관리공단 …………………………30	한국산업단지공단 ……………………………58
인천관광공사 …………………………………31	한국산업안전보건공단 ………………………58
인천광역시미추홀구시설관리공단 …………31	한국산업인력공단 ……………………………58
부평구시설관리공단 …………………………32	한국상하수도협회 ……………………………58
인천광역시체육회 ……………………………33	한국서부발전 …………………………………58
인천교통공사 …………………………………34	한국수목원정원관리원 ………………………58
인천국제공항공사 ……………………………34	한국수자원공사 ………………………………58
인천도시공사 …………………………………34	한국승강기안전공단 …………………………59
인천시설공단 …………………………………34	한국식품연구원 ………………………………59
인천광역시중구시설관리공단 ………………34	한국언론진흥재단 ……………………………59
(재)인천테크노파크 …………………………34	한국에너지공단 ………………………………59
인천항만공사 …………………………………34	한국잡월드 ……………………………………59
전남개발공사 …………………………………35	한국장애인고용공단 …………………………59
정선군시설관리공단 …………………………35	한국장학재단 …………………………………59
제주특별자치도개발공사 ……………………35	한국재정정보원 ………………………………60
종로구시설관리공단 …………………………35	한국전기연구원 ………………………………60
중소벤처기업진흥공단 ………………………38	한국전력거래소 ………………………………60
창원시설공단 …………………………………38	한국주택금융공사 ……………………………60

목 차

- 한국중부발전(주) ······································60
- 한국지능정보화사회진흥원 ·························60
- 한국지역난방공사 ····································60
- 한국천문연구원 ·······································60
- 한국철도공사 ··60
- 한국특허전략개발원 ································61
- 해양환경공단 ··61
- 화성도시공사 ··61
- 화성시문화재단 ·······································63

1

공공기관

2022년 공공기관 민간위탁 운영현황

순번	기관명	지출명(사업명)	2022년 예산 (단위:천원/1년간)	민간위탁 근거 (1.법률에 규정 2.국고보조 재원(국가지정) 3.공공기관 필요에 따른 내부 결정사항 4.조례 등 지자체에서 명시 5.공공기관 내부규정 존재 6.국가 정책 및 재정사항 7.기타 8.해당없음)	계약체결방식(경쟁형태) (1.일반경쟁 2.제한경쟁 3.지명경쟁 4.수의계약 5.법정위탁 6.기타 7.해당없음)	계약기간 (1.1년 2.2년 3.3년 4.4년 5.5년 6.기타() 7.해당없음)	낙찰자선정방법 (1.적격심사 2.협상에의한계약 3.최저가낙찰 4.규격가심리 5.2단계 경쟁입찰 6.기타() 7.해당없음)	운영예산 선정 (1.내부산정 2.외부산정 3.내·외부 모두 산정 4.산정無 5.해당없음)	정산방법 (1.내부정산 2.외부정산 3.내·외부 모두 산정 4.정산無 5.해당없음)	성과평가 실시여부 (1.실시 2.미실시 3.향후 추진 4.해당없음)
1	강동문화재단	시설종합관리	763,530	3	1	1	1	1	1	1
2	강동문화재단	구립도서관PC유지보수	12,000	3	4	1	6	1	4	4
3	강동문화재단	문화경조사시스템유지보수	12,000	3	4	1	6	1	4	4
4	강동문화재단	정보화시스템 통합유지보수	198,000	3	2	1	7	1	4	4
5	강동문화재단	상호대차 도서운반 용역	230,000	3	2	1	7	1	1	4
6	강동문화재단	정기간행물 구매	20,100	3	4	1	6	1	1	4
7	경기도일자리재단	2022년 여성능력개발본부(남부) 무인경비 운영 용역	15,994	3	7	7	7	5	5	4
8	경기도일자리재단	2022년 여성능력개발본부(남부) 전산통신장비 통합유지관리 용역	98,882	2	7	7	7	5	5	4
9	경기도일자리재단	2022년 청년노동지원사업 운영시스템 개선 및 유지관리 용역	190,000	2	7	7	7	5	5	4
10	경기도일자리재단	경기도기술학교 컴퓨터기술관 내진보강공사	344,416	2	7	7	7	5	5	4
11	경기도일자리재단	2022년 여성능력개발본부(남부) 구내식당 운영 용역	40,000	3	7	7	7	5	5	4
12	경기도일자리재단	2022년 여성능력개발본부(남부) 조경관리 용역	19,392	3	7	7	7	5	5	4
13	경기도일자리재단	2022년 온라인경력개발서비스 꿈날개 운영용역	1,281,324	2	7	7	7	5	5	4
14	경기도일자리재단	일생활균형지원 플랫폼 운영 용역	191,520	2	7	7	7	5	5	4
15	경기도일자리재단	2021~2023년 경기도일자리재단 정보통신망 운영 및 유지보수 용역(2년차)	117,654	2	3	2	2	4	4	4
16	경기도일자리재단	2022년 일자리지원사업 통합접수시스템 운영 용역	486,200	2	3	2	2	4	4	4
17	경기도일자리재단	2022년 일자리플랫폼 잡아바 서비스 운영 용역	1,217,700	2	3	1	2	4	4	4
18	경기도일자리재단	2022년 경기도일자리재단 플랫아우드 운영 용역	573,091	2	2	3	2	4	4	4
19	경기도일자리재단	2022년 경기도일자리재단 홈페이지 운영 및 유지보수 용역	114,180	2	2	3	2	4	4	4
20	경기테크노파크	어린이집 위탁운영	1,007,647	1	5	5	1	2	2	1
21	(재)경상남도여성가족재단	전기안전관리대행 용역	900	3	4	1	7	1	5	4
22	(재)경상남도여성가족재단	청소 용역	15,600	3	4	1	7	1	5	4
23	(재)경상북도경제진흥원	경북청년CEO협회 활동 지원	200,000	7	4	1	7	5	1	4
24	(재)경상북도경제진흥원	경북수출기업협회 활동 지원	100,000	7	4	1	7	5	1	4
25	재단법인 광주광역시노인복지전문기관	광주광역시노인보호전문기관	497,360	1	5	5	2	5	3	1
26	재단법인 광주광역시사회서비스원	광주광역시학대피해노인전용쉼터	252,842	1	5	5	2	5	3	1
27	재단법인 광주광역시사회서비스원	광주광역시장애인종합복지관	6,248,793	1	5	5	2	5	3	1

순번	기관명	지출명 (사업명)	2022년 예산 (단위:천원/1년간)	민간위탁 근거 1.법률에 규정 2.국고보조 재원(국가지정) 3.공공기관 필요에 따른 내부 결정사항 4.조례 등 지자체에서 명시 5.공공기관 내부규정 존재 6.국가 정책 및 지정사항 7.기타 8.해당없음	입찰방식 계약체결방법 (경쟁형태) 1.일반경쟁 2.제한경쟁 3.지명경쟁 4.수의계약 5.법정위탁 6.기타() 7.해당없음	계약기간 1.1년 2.2년 3.3년 4.4년 5.5년 6.기타()년 7.해당없음	낙찰자선정방법 1.적격심사 2.협상에의한계약 3.최저가낙찰 4.규격가격분리 5.2단계 경쟁입찰 6.기타() 7.해당없음	운영예산 산정 운영예산 산정 1.내부산정 (기관 자체적으로 산정) 2.외부산정 (외부전문기관위탁 산정) 3.내·외부 모두 산정 4.산정無 5.해당없음	운영예산 산정 정산방법 1.내부정산 (기관 내부적으로 정산) 2.외부정산 (외부전문기관위탁 정산) 3.내·외부 모두 산정 4.정산無 5.해당없음	성과평가 실시여부 1.실시 2.미실시 3.향후 추진 4.해당없음
28	재단법인 광주광역시사회서비스원	광주광역시장애인보호작업장	738,906		5	5	2	5	3	1
29	재단법인 광주광역시사회서비스원	광주다시서기종합지원센터	490,000	1	5	5	2	5	3	1
30	재단법인 광주광역시사회서비스원	광주광역시육아종합지원센터	3,943,655	1	2	3	2	5	3	1
31	재단법인 광주광역시사회서비스원	광주광역시 북구 다함께돌봄센터(양산사랑으로)	86,940	1	2	5	2	5	3	1
32	재단법인 광주광역시사회서비스원	남구구름돌어린이집	600,000	1	2	5	2	3	3	1
33	재단법인 광주광역시사회서비스원	사회복지시설 종사자 대체인력지원사업	668,690	6	6	5	7	5	3	2
34	재단법인 광주광역시사회서비스원	노인맞춤돌봄서비스사업	123,102	4	7	3	7	3	3	4
35	재단법인 광주광역시사회서비스원	독거노인장애인응급안전안심서비스사업	29,790	4	7	3	7	5	3	4
36	재단법인 광주광역시사회서비스원	지역사회서비스지원단	390,000	1	5	5	7	5	3	4
37	김해문화재단	김해서부문화센터 청소관리 용역	347,393	3	2	1	1	2	1	4
38	김해문화재단	김해서부문화센터 경비관리 용역	103,120	3	2	1	1	2	1	4
39	김해문화재단	김해서부문화센터 무인경비 용역	3,000	3	4	1	6	1	5	4
40	김해문화재단	경남어린이영상문화관 홈페이지 유지보수 및 서버관리	99,000	3	4	6	6	1	5	4
41	김해문화재단	영상교육팀 좌석예매관리시스템 유지보수	894		4	6	6	1	5	4
42	김해문화재단	영상교육팀 웨이브온 VOD서비스	1,014		4	1	6	1	5	4
43	김해문화재단	김해한옥체험관 방역관리용역	1,320		4	1	6	1	5	4
44	김해한옥체험관	김해한옥체험관 전기안전 관리 대행	1,003		4	1	6	1	5	4
45	김해문화재단	김해한옥체험관 산업안전관리 위탁용역	2,376		4	1	7	1	5	4
46	김해문화재단	김해한옥체험관 승강기 유지보수 용역	6,720		4	1	6	1	5	4
47	김해문화재단	김해문화의전당 예매시스템 이용	10,560	3	4	1	6	1	5	4
48	김해문화재단	공연 회원 대상 홍보 마케팅 문자 서비스	12,000	3	4	1	6	1	5	4
49	김해문화재단	김해문화의전당 홈페이지 유지보수 용역	384	3	4	1	6	1	5	4
50	김해문화재단	김해문화의전당 예매서비스	12,000	3	4	1	6	1	5	4
51	김해문화재단	김해서부문화센터 전자게시판 프로그램 유지관리 용역	1,188	1	4	1	6	1	5	4
52	김해문화재단	김해문화의전당 영화발권 시스템 및 티켓팅 판매대행	3,960	1	4	1	6	1	5	4
53	김해문화재단	김해서부문화센터 냉난방 용역	6,000	1	4	1	6	1	5	4
54	김해문화재단	김해문화의전당 승강기유지관리용역	10,824	3	4	1	6	1	5	4
55	김해문화재단	김해문화의전당 및 한옥체험관 cctv설비 유지보수	3,000	3	4	1	6	1	5	4
56	김해문화재단	김해문화의전당 산업안전위탁용역	7,920	1	4	1	6	1	5	4

순번	기관명	지출명 (사업명)	2022년 예산 (단위:천원/1년간)	민간위탁 근거 1. 법률에 규정 2. 국고보조 재원(국가지정) 3. 공공기관 필요에 따른 조례 등 지자체에서 명시 4. 공공기관 내부규정 존재 5. 국가 정책 및 재정사항 6. 국가 정책 및 재정사항 7. 기타 8. 해당없음	계약체결방법 (경쟁형태) 1. 일반경쟁 2. 제한경쟁 3. 지명경쟁 4. 수의계약 5. 법정위탁 6. 기타 ( ) 7. 해당없음	계약기간 1. 1년 2. 2년 3. 3년 4. 4년 5. 5년 6. 기타 ( )년 7. 해당없음	낙찰자선정방법 1. 적격심사 2. 협상에의한계약 3. 최저가낙찰제 4. 규격가격분리 5. 2단계 경쟁입찰 6. 기타 ( ) 7. 해당없음	운영예산 선정 1. 내부선정 (기관 자체적으로 선정) 2. 외부선정 (외부전문기관위탁 선정) 3. 내·외부 모두 선정 4. 선정無 5. 해당없음	정산방법 1. 내부정산 (기관 내부적으로 정산) 2. 외부정산 (외부전문기관위탁 정산) 3. 내·외부 모두 선정 4. 정산無 5. 해당없음	성과평가 실시여부 1. 실시 2. 미실시 3. 향후 추진 4. 해당없음
57	김해문화재단	김해문화의전당 주차관제설비 유지보수	7,920	3	4	1	6	1	5	4
58	김해문화재단	김해문화재단 인사노무 자문	3,000	3	4	1	6	1	5	4
59	김해문화재단	김해문화재단 세무회계 등 상시 자문	8,030	3	4	1	6	1	5	4
60	김해문화재단	김해문화재단 근태관리시스템 위탁관리 용역	3,120	3	4	1	6	1	5	4
61	김해문화재단	김해문화재단 개인정보보호시스템 유지보수	5,116	3	4	1	6	1	5	4
62	김해문화재단	김해문화재단 웹진 홈페이지 유지보수	1,440	3	4	1	6	1	5	4
63	김해문화재단	김해문화재단 통합홈페이지 유지보수	20,988	3	4	1	6	1	5	4
64	김해문화재단	김해문화재단 네트워크유지보수	20,877	3	4	1	6	1	5	4
65	김해문화재단	김해문화재단 DB접근제어 시스템 유지보수	3,228	3	4	1	6	1	5	4
66	김해문화재단	김해문화재단 PC 유지보수	6,000	3	4	1	6	1	5	4
67	김해문화재단	김해문화재단 서버 및 백업SW 유지보수	15,780	3	4	1	6	1	5	4
68	김해문화재단	김해문화재단 정보보안장비 유지보수	21,816	3	4	1	6	1	5	4
69	김해문화의전당	김해문화의전당 회원관리시스템 유지보수	7,920	3	4	1	6	1	5	4
70	김해문화재단	김해문화재단 통합관리시스템 유지보수	20,130	3	4	1	6	1	5	4
71	김해문화재단	김해문화재단 인사,예산시스템 운영 유지보수(분기별 지급)	3,000	3	4	1	6	1	5	4
72	김해문화재단	김해문화재단 통합ERP라이센스 사용 갱신(내년예산 줄음시 바로 일괄 부)	7,495	3	4	1	6	1	5	4
73	김해문화의전당 및 시민의종 무인경비용역	7,980	3	4	1	6	1	5	4
74	김해문화재단	김해문화재단 무인경비용역	7,920	3	4	1	6	1	5	4
75	김해문화재단	스포츠센터팀(시민) 포스프로그램 이용 및 유지보수용역	10,320	3	4	1	6	1	5	4
76	김해문화재단	가야테마파크 의무실 폐기물 처리 용역	420	3	4	1	6	1	5	4
77	김해문화재단	가야테마파크 무인발권기 임차 관리용역	7,128	3	4	1	6	1	5	4
78	김해문화재단	가야테마파크 소독(방역) 용역	8,050	1	4	1	6	1	5	4
79	김해문화재단	가야테마파크 소방시설물 관리 용역	3,000	1	4	1	6	1	5	4
80	김해문화재단	가야테마파크 승강기 유지관리 용역	2,400	3	4	1	6	1	5	4
81	김해문화재단	가야테마파크 산업안전관리 위탁 용역	2,772	1	4	1	6	1	5	4
82	김해문화재단	김해누동강레일파크 실내외 소독(방역) 용역	4,785	1	4	1	6	1	5	4
83	김해문화재단	김해누동강레일파크 홈페이지 유지보수 관리 용역	6,600	3	4	1	6	1	5	4
84	김해문화재단	김해천문대 해충방지 위탁관리 용역	2,280	1	4	1	6	1	5	4
85	김해문화재단	김해천문대 전기안전관리 대행 용역	2,508	1	4	1	6	1	5	4

순번	기관명	지출명 (사업명)	2022년 예산 (단위:천원/1년간)	민간위탁 근거 1. 법률에 규정 2. 국고보조 재원(국가지정) 3. 공공기관 필요에 의한 4. 조례 등 지자체에서 명시 5. 공공기관 내부규정 존재 6. 국가 정책 및 재정사항 7. 기타 8. 해당없음	계약체결방법 (경쟁형태) 1. 일반경쟁 2. 제한경쟁 3. 지명경쟁 4. 수의계약 5. 법정위탁 6. 기타() 7. 해당없음	입찰방식 계약기간 1. 1년 2. 2년 3. 3년 4. 4년 5. 5년 6. 기타()년 7. 해당없음	낙찰자선정방법 1. 적격심사 2. 협상에의한계약 3. 최저가낙찰제 4. 규격가격 5. 2단계 경쟁입찰 6. 기타() 7. 해당없음	운영예산 산정 운영예산 산정 1. 내부산정 (기관 자체적으로 산정) 2. 외부산정 (외부전문기관위탁 산정) 3. 내·외부 모두 산정 4. 산정無 5. 해당없음	정산방법 1. 내부정산 (기관 내부적으로 정산) 2. 외부정산 (외부전문기관위탁 정산) 3. 내·외부 모두 산정 4. 정산無 5. 해당없음	성과평가 실시여부 1. 실시 2. 미실시 3. 향후 추진 4. 해당없음
86	김해문화재단	김해천문대 홈페이지 유지관리 용역	3,000	3	4	1	6	1	5	4
87	김해문화재단	김해천문대 오수처리시설 관리 용역	5,040	3	4	1	6	1	5	4
88	김해문화재단	김해천문대 소방시설 관리 용역	1,800	1	4	1	6	1	5	4
89	김해문화재단	가야테마파크 청소관리 용역	290,527	3	1	1	1	2	1	4
90	김해문화재단	가야테마파크 경비관리 용역	113,830	3	4	1	6	2	1	4
91	김해문화재단	가야테마파크 무인경비 용역	8,160	3	4	1	6	1	5	4
92	김해문화재단	김해낙동강레일파크 무인경비 및 CCTV 용역	6,480	3	4	1	6	1	5	4
93	김해문화재단	김해천문대 무인경비 용역	3,000	3	4	1	6	1	5	4
94	김해문화재단	클레이아크김해 어린이미술관관련 사이버갤러리 호스팅 유지 및 관리	132	3	4	1	6	2	5	4
95	김해문화재단	김해다어울림생활문화센터 UTM(통합보안장비)임차 관리 용역	660	3	4	6	6	2	5	4
96	김해문화재단	김해다어울림생활문화센터 방역(소독)용역	1,632	1	4	1	6	2	5	4
97	김해문화재단	김해다어울림생활문화센터 무인경비 용역	4,140	3	4	1	6	1	5	4
98	김해문화재단	문화도시센터 웹컴퍼레지단시 무인경비 용역	4,200	3	4	1	6	1	5	4
99	김해문화재단	문화도시센터 웹컴퍼레지단시 통합보안장비 임차 용역	660	1	4	1	6	2	5	4
100	김해문화재단	문화도시센터 근태관리시스템 위탁 용역	230	3	4	1	6	1	5	4
101	김해문화재단	문화도시센터 홈페이지 구축에 따른 웹호스팅 및 유지수 서비스	1,770	3	4	1	6	2	5	4
102	김해문화재단	김해아크김해 무인발권기 임차 및 관리용역	3,600	3	4	1	6	1	5	4
103	김해문화재단	김해아크김해 티케팅 포스시스템 위탁 관리 용역	3,960	3	4	1	6	1	5	4
104	김해문화재단	클레이아크김해 소독(방역)작업 용역	5,000	1	4	1	6	1	5	4
105	김해문화재단	클레이아크김해 CCTV유지 관리 용역	6,552	3	4	1	6	1	5	4
106	김해문화재단	클레이아크김해 소방시설물 안전관리 용역	3,300	1	4	1	6	1	5	4
107	김해문화재단	클레이아크김해 승강기 유지수 관리 용역	6,600	3	4	1	6	1	5	4
108	김해문화재단	클레이아크김해 무인경비 용역	7,800	3	4	1	6	1	5	4
109	김해문화재단	김해문화의전당 청소관리 용역	516,852	3	2	1	1	2	1	4
110	김해문화재단	김해문화의전당 경비관리 용역	207,391	3	2	1	1	2	1	4
111	대구문화재단	2022 대구연예술연습공간 보안/방범 용역 계약	3,996	3	4	1	7	1	5	4
112	대구문화재단	2022년 dgtickets 공연정보센터 방범서비스 계약	1,716	7	4	1	7	1	5	4
113	대구문화재단	2022 재단 보안시스템 경비 용역 계약	2,448	7	4	1	7	1	5	4
114	대구문화재단	2022 대구예술발전소 시스템 경비 용역 계약	2,916	7	4	1	7	1	5	4

순번	기관명	지출명 (사업명)	2022년 예산 (단위:천원/1년간)	민간위탁 근거 1. 법률에 규정 2. 국고보조 재원(국가지정) 3. 공공기관 필요에 따른 4. 조례 등 지자체에서 명시 5. 공공기관 내부규정 존재 6. 국가 정책 및 재정사항 7. 기타 8. 해당없음	계약체결방법 (경쟁형태) 1. 일반경쟁 2. 제한경쟁 3. 지명경쟁 4. 수의계약 5. 분정위탁 6. 기타( ) 7. 해당없음	계약기간 1. 1년 2. 2년 3. 3년 4. 4년 5. 5년 6. 기타( )년 7. 해당없음	낙찰자선정방법 1. 적격심사 2. 협상에의한계약 3. 최저가낙찰제 4. 규격가절제 5. 2단계 경쟁입찰 6. 기타( ) 7. 해당없음	운영예산 산정 1. 내부산정 (기관 자체적으로 산정) 2. 외부산정 (외부전문기관에 산정) 3. 내·외부 모두 산정 4. 산정 無 5. 해당없음	정산방법 1. 내부정산 (기관 내부적으로 정산) 2. 외부정산 (외부전문기관에 정산) 3. 내·외부 모두 산정 4. 정산 無 5. 해당없음	성과평가 실시여부 1. 실시 2. 미실시 3. 향후 추진 4. 해당없음
115	대구문화재단	2022 대구생활문화센터 시스템정비 용역	3,511	7	4	1	7	1	5	4
116	대구문화재단	2022 가창창작스튜디오 통합보안시스템 계약	3,420	7	4	1	7	1	5	4
117	대구문화재단	2022 아트랩범어 통합보안시스템 관리용역 계약	20,772	7	4	1	7	1	5	4
118	대구문화재단	2022 아트랩범어 예술인지원팀 통합보안시스템 관리용역 계약	780	7	4	1	7	1	5	4
119	대구문화재단	2022 대구공연예술연습공간 근대관리 시스템 계약	528	7	4	1	7	1	5	4
120	대구문화재단	2022 대구예술발전소 시설관리	274,883	7	2	1	7	2	1	4
121	대구문화재단	2022 대존 전자결재시스템 클라우드 서비스 계약	7,277	7	4	1	7	5	5	4
122	대구문화재단	2022 대존 G20 인사 회계시스템 서비스(유지보수)	3,236	7	4	1	7	5	5	4
123	대구문화재단	2022 대존 G20 클라우드 서비스 신청	3,498	7	4	1	7	5	5	4
124	대구문화재단	2022 대존 전자결재시스템 서비스 (유지보수 신청)	4,596	7	4	1	7	5	5	4
125	대구문화재단	2022 재단청소 용역 계약	26,688	7	4	1	7	5	5	4
126	대구문화재단	2022 생활문화센터 정기청소 용역	6,856	7	4	1	7	5	5	4
127	대구문화재단	2022 대구공연예술연습공간 청소용역	20,532	7	4	1	7	5	5	4
128	대구문화재단	2022 가창창작스튜디오 청소관리 용역	12,996	7	4	1	7	5	5	4
129	대구문화재단	2022 대구문화재단 소방안전관리 용역 계약	1,980	7	4	1	7	5	5	4
130	대구문화재단	2022년 대구예술전소 소방안전관리 용역 계약	7,600	7	4	1	7	5	5	4
131	대구문화재단	2022년 대구생활문화센터 소방안전관리 용역	5,820	7	4	1	7	5	5	4
132	대구문화재단	2022 대구예술발전소 승강기 안전관리 계약	5,760	7	4	1	7	5	5	4
133	대구문화재단	2022 대구생활문화센터 승강기 유지관리	1,800	7	4	1	7	5	5	4
134	대구문화재단	직원 업무용 pc 유지보수	6,336	3	4	1	7	1	1	4
135	대구문화재단	강좌시스템 유지보수	15,540	3	4	1	7	1	1	4
136	대구문화재단	홈페이지 관리 및 유지보수	13,200	3	2	1	6	1	1	4
137	(재)부산디자인진흥원	통합정보시스템 유지보수 용역	46,075	3	1	5	6	1	5	4
138	부산문화재단	영도청청작공간운영	450,000	4	1	6	6	1	3	3
139	부산문화재단	민락인디트레이닝센터 운영	150,000	4	1	1	7	1	3	3
140	안양문화예술재단	2022년 안양문화예술재단 청소, 경비 용역	1,365,969	5	1	1	7	1	1	4
141	연구개발특구진흥재단	2022년 재단사옥, 대덕TBC, 사이언스센터 시설관리 도급용역	2,256,209	6	4	1	7	1	2	1
142	연구개발특구진흥재단	2022년 광주, 부산, 전북TBC 시설관리 도급용역	1,959,644	6	4	1	7	1	2	1
143	연구개발특구진흥재단	2022년 세종, 대구 시설관리 도급용역	1,590,685	6	4	1	7	1	2	1

순번	기관명	지출명(사업명)	2022년 예산(단위:천원/1년간)	인건비 등 근거 1.법률에 규정 2.국고보조 재원(국가지정) 3.공공기관 필요에 따른 내부 결정사항 4.조례 등 지자체에서 명시 5.공공기관 내부규정 존재 6.국가 정책 및 재정사항 7.기타 8.해당없음	계약체결방법(경쟁형태) 1.일반경쟁 2.제한경쟁 3.지명경쟁 4.수의계약 5.법령위탁 6.기타() 7.해당없음	입찰방식 계약기간 1.1년 2.2년 3.3년 4.4년 5.5년 6.기타()년 7.해당없음	낙찰자선정방법 1.적격심사 2.협상에의한계약 3.최저가낙찰 4.규격가격관리 5.2단계 경쟁입찰 6.기타 7.해당없음	운영예산 산정 1.내부산정(기관 자체적으로 산정) 2.외부산정(외부전문기관위탁 산정) 3.내·외부 모두 산정 4.산정無 5.해당없음	정산방법 1.내부정산(기관 내부적으로 정산) 2.외부정산(외부전문기관위탁 정산) 3.내·외부 모두 산정 4.정산無 5.해당없음	성과평가 실시여부 1.실시 2.미실시 3.향후 추진 4.해당없음
144	연구개발특구진흥재단	2022년 재단사옥, 대덕TBC, 사이언스센터 시설관리 도급용역	2,256,209	6	4	1	7	1	2	1
145	연구개발특구진흥재단	2022년 광주, 부산, 전북TBC 시설관리 도급용역	1,959,644	6	4	1	7	1	2	1
146	연구개발특구진흥재단	2022년 세종, 대구 시설관리 도급용역	1,590,685	6	4	1	7	1	2	1
147	(재)은평문화재단	민관협력형 마을예술창작소 운영 지원사업	75,400	4	7	7	7	3	2	1
148	의정부문화재단	2022년 청사 청소용역	307,393	4	2	1	1	3	3	4
149	의정부문화재단	산업안전관리 대행	3,300	5	1	1	7	1	5	4
150	의정부문화재단	보건관리 대행	3,392	5	1	1	7	1	5	4
151	의정부문화재단	일반 회계 처리 및 세무조정 신고 용역 계약	8,448	5	1	1	7	1	5	4
152	의정부문화재단	소방시설 유지관리 대행 용역	8,160	5	1	1	7	1	5	4
153	의정부문화재단	업무용 복사기 연간 렌탈계약	11,477	5	1	1	7	1	5	4
154	의정부문화재단	재단 무인경비(세콤) 용역 계약	6,180	5	1	1	7	1	5	4
155	의정부문화재단	정보화운용 및 장비관리 용역	20,550	5	1	1	7	1	5	4
156	의정부문화재단	ERP시스템 유지관리 용역	6,000	5	1	1	7	1	5	4
157	의정부문화재단	통합 보안솔선 유지관리 용역	16,404	5	1	1	7	1	5	4
158	의정부문화재단	재단 홈페이지 유지관리 대행	7,800	5	1	1	7	1	5	4
159	의정부문화재단	의정부문화재단 서버장비 통합 유지보수 계약	4,392	5	1	1	7	1	5	4
160	의정부문화재단	승강기 유지보수 계약	9,480	5	1	1	7	1	5	4
161	의정부문화재단	인사 및 노무관리 자문 용역	6,600	5	1	1	7	1	5	4
162	의정부문화재단	근태서비스 및 출입통제 영상감시 시스템 운영비 지급	1,320	5	1	2	7	1	5	4
163	의정부문화재단	의정부문화재단 주차관제시스템 유지보수 계약	7,669	5	4	1	7	1	5	4
164	의정부문화재단	전자결재 시스템 유지관리 용역	6,395	5	2	1	3	1	5	4
165	의정부문화재단	방역소독(문화재단 본관)	5,628	5	2	1	3	1	5	4
166	의정부문화재단	방역소독(아트캠프)	3,180	5	1	1	7	1	5	4
167	(재)인천광역시 부평구문화재단	부평아트센터 시설물유지관리위탁	791,890	3	1	1	7	1	1	4
168	(재)인천광역시 부평구문화재단	부평문화사랑방청소용역	10,611	3	4	1	7	1	1	4
169	(재)인천광역시 부평구문화재단	2022년 부평구립도서관(6개관) 경비 및 청소용역	354,418	3	2	1	3	1	1	4
170	(재)인천광역시 부평구문화재단	청소년수련관 시설관리 및 청소안내 용역	285,673	3	2	1	3	1	1	4
171	(재)전남바이오산업진흥원	센터 청소 용역	68,000	7	4	1	7	1	1	4
172	(재)전남바이오산업진흥원	센터 보안 용역	6,600	7	4	3	7	1	1	4

순번	기관명	지출명(사업명)	2022년 예산 (단위:천원/1년간)	민간위탁 근거 1. 법률에 규정 2. 국고보조 재원(국가지정) 3. 공공기관 필요에 따른 내부 결정사항 4. 조례 등 지자체에서 명시 5. 공공기관 내부규정 존재 6. 국가 정책 및 재정사항 7. 기타 8. 해당없음	계약체결방법(경쟁형태) 1. 일반경쟁 2. 제한경쟁 3. 지명경쟁 4. 수의계약 5. 경쟁입찰 6. 기타() 7. 해당없음	계약기간 1. 1년 2. 2년 3. 3년 4. 4년 5. 5년 6. 기타()년 7. 해당없음	낙찰자선정방법 1. 적격심사 2. 협상에의한계약 3. 최저가낙찰 4. 규격가격분리 5. 2단계 경쟁입찰 6. 기타() 7. 해당없음	운영예산 선정 1. 내부선정(기관 자체적으로 선정) 2. 외부선정(외부전문기관위탁 선정) 3. 내외부 모두 선정 4. 선정無 5. 해당없음	정산방법 1. 내부정산(기관 내부적으로 정산) 2. 외부정산(외부전문기관위탁 정산) 3. 내외부 모두 선정 4. 정산無 5. 해당없음	성과평가 실시여부 1. 실시 2. 미실시 3. 향후 추진 4. 해당없음
173	(재)전남바이오산업진흥원	소방시설 점검 및 월 안전관리 업무대행 용역	2,640	7	4	1	7	1	1	4
174	(재)전남바이오산업진흥원	생산동 승강기 점검 유지보수 용역	1,584	7	4	1	7	1	1	4
175	(재)전남바이오산업진흥원	교육지원동 승강기 점검 유지보수 용역	1,980	7	4	1	7	1	1	4
176	(재)전남바이오산업진흥원	방제 용역	4,992	7	4	1	7	1	1	4
177	(재)전남바이오산업진흥원	무인경비 시스템 용역	9,900	7	4	1	7	1	1	4
178	(재)전남바이오산업진흥원	센터 청소 용역	30,000	3	2	1	3	1	1	4
179	(재)전남바이오산업진흥원	의료폐기물 처리	3,600	3	4	1	7	1	1	4
180	(재)전남바이오산업진흥원	센터보안용역	9,000	3	4	3	7	1	1	4
181	(재)전남바이오산업진흥원	승강기유지관리 용역	1,800	1	4	1	7	1	1	4
182	(재)전남바이오산업진흥원	건물청소용역	32,320	3	4	1	7	1	1	4
183	(재)전남바이오산업진흥원	건물보안용역	3,456	5	4	3	7	1	1	4
184	(재)전남바이오산업진흥원	조리 및 청소용역	49,200	7	4	1	7	1	1	4
185	(재)전남바이오산업진흥원	보안서비스	3,840	7	4	5	7	1	1	4
186	(재)전남바이오산업진흥원	홈페이지 유지보수	1,920	3	4	1	1	1	1	4
187	(재)전남바이오산업진흥원	승강기유지관리	1,440	3	4	1	1	1	1	4
188	(재)전남바이오산업진흥원	예충방제서비스	3,720	7	4	1	7	1	1	4
189	(재)전남바이오산업진흥원	청소용역	40,000	3	2	1	3	1	1	4
190	(재)전남바이오산업진흥원	홈페이지 유지보수	5,040	7	4	1	7	1	1	4
191	전남테크노파크	청소(동부권)	7,898	3	2	1	1	1	4	4
192	전남테크노파크	청소(서부권)	7,898	3	2	1	1	1	4	4
193	전남테크노파크	무인경비(본원)	7,898	3	2	5	3	1	4	4
194	전남테크노파크	무인경비(신금속산업센터)	6,332	3	2	5	3	1	4	4
195	전남테크노파크	무인경비(미그부품상용화지원동)	4,222	3	2	5	3	1	4	4
196	전남테크노파크	무인경비(기계부품가공시험동)	5,148	3	2	5	3	1	4	4
197	전남테크노파크	무인경비(세라믹산업센터)	9,288	3	1	5	1	1	4	4
198	전남테크노파크	무인경비(레이저응용산업센터)	4,800	3	4	2	7	1	4	4
199	전남테크노파크	무인경비(첨단신소재센터)	3,300	1	4	1	7	1	4	4
200	전남테크노파크	무인경비(우주항공산업센터)	4,151	3	2	4	3	1	4	4
201	전남테크노파크	무인경비(드론센터)	9,240	3	4	4	6	1	4	4

순번	기관명	지출명 (사업명)	2022년 예산 (단위:천원/1년간)	민간위탁 근거 1.법률에 규정 2.국고보조 재원(국가지정) 3.공공기관 필요에 따른 내부 결정사항 4.조례 등 지자체에서 명시 5.공공기관 내부규정 존재 6.국가 정책 및 재정사항 7.기타 8.해당없음	계약체결방법 (경쟁형태) 1.일반경쟁 2.제한경쟁 3.지명경쟁 4.수의계약 5.분정위탁 6.기타() 7.해당없음	계약기간 1.1년 2.2년 3.3년 4.4년 5.5년 6.기타()년 7.해당없음	낙찰자결정방법 1.적격심사 2.협상에의한계약 3.최저가낙찰제 4.규격가격분리 5.2단계 경쟁입찰 6.기타 7.해당없음	운영산선정 1.내부산정(기관 자체적으로 산정) 2.외부산정 (외부전문기관위탁 산정) 3.내외부 모두 산정 4.산정無 5.해당없음	정산방법 1.내부정산 (기관 내부적으로 정산) 2.외부정산 (외부전문기관위탁 정산) 3.내외부 모두 산정 4.정산無 5.해당없음	성과평가 실시여부 1.실시 2.미실시 3.향후 추진 4.해당없음
202	전남테크노파크	무인경비(조선산업센터)	8,977	3	1	6	3	1	4	4
203	전남테크노파크	무인경비(스마트기자재산업센터)	7,898	3	2	3	3	1	4	4
204	한국저작권보호원	정보시스템 자원 통합유지관리 용역(장기계속 3차)	408,332	3	2	3	2	2	1	2
205	한국저작권보호원	2022년도 정보시스템 통합유지관리 용역	721,600	3	2	1	2	2	1	2
206	(주)강원랜드	어린이집 운영(태백)	120,000	3	7	7	7	7	7	4
207	(주)강원랜드	셔틀밴스 시스템 유지관리 용역	5,225,000	3	7	7	7	7	7	4
208	(주)강원랜드	어린이집 운영(정선)	120,000	3	1	5	2	1	1	4
209	(주)강원랜드	영상보안시스템 유지관리 용역	409,000	3	2	1	1	1	1	4
210	(주)강원랜드	직원수송용역(태백서면)	2,965,956	3	2	2	2	1	1	4
211	(주)강원랜드	직원수송용역(태백B방면)	2,860,050	3	2	2	1	1	1	4
212	(주)강원랜드	직원수송용역(증산/영월 방면)	3,547,632	3	2	2	1	1	1	4
213	(주)강원랜드	고객수송용역	5,355,754	3	2	3	1	1	1	4
214	(주)강원랜드	직원식당 운영(기숙사)	1,633,173	3	2	2	2	1	1	4
215	(주)강원랜드	직원식당(메인)	6,504,987	3	2	2	2	1	1	4
216	(주)강원랜드	사업장 폐기물처리	3,035,685	3	2	3	1	1	1	4
217	(주)강원랜드	IT시스템통합유지관리	18,440,935	3	2	3	2	1	1	4
218	강남구도시관리공단	2022년 보건관리 위탁용역	7,200	1	4	1	3	1	1	4
219	강남구도시관리공단	2022년 시설관리용역(경비)	315,394	1	2	2	1	1	1	4
220	강남구도시관리공단	2022년 시설관리용역(미화)	1,518,495	1	4	1	3	1	1	4
221	강남구도시관리공단	일원스포츠문화센터 시설관리용역(경비) 2차년도	251,652	1	2	2	1	1	1	4
222	강남구도시관리공단	일원스포츠문화센터 시설관리용역(미화) 2차년도	351,067	1	2	2	1	1	1	4
223	강남구도시관리공단	2022년도 전기안전 관리대행 용역	56,849	1	2	1	1	1	1	4
224	강남구도시관리공단	2022년도 소방안전 관리대행 및 종합정밀점검 용역	46,464	1	4	1	3	1	1	4
225	강남구도시관리공단	2022년도 승강기 안전관리대행 용역	31,022	1	2	2	1	1	1	4
226	강남구도시관리공단	2022년도 방역(소독) 관리대행 용역	18,360	1	4	1	3	1	1	4
227	강남구도시관리공단	2022~23년 정보시스템 통합유지보수 용역	196,794	6	2	2	6	1	1	1
228	강남문화재단	시설관리용역	2,283,617	3	1	2	1	1	1	1
229	강남문화재단	시설관리용역	3,090,853	3	1	2	1	1	1	1
230	강릉관광개발공사	복합기 임차(강릉오죽한옥마을)	1,320	3	4	1	7	1	1	4

-8-

순번	기관명	지출명(사업명)	2022년 예산 (단위:천원/1년간)	민간위탁 근거 1. 법률에 규정 2. 국고보조재원(국가지정) 3. 공공기관 필요에 따른 내부 결정사항 4. 조례 등 지자체에서 명시 5. 공공기관 내부규정 존재 6. 국가 정책 및 재정사정 7. 기타 8. 해당없음	계약체결방법 (경쟁형태) 1. 일반경쟁 2. 제한경쟁 3. 지명경쟁 4. 수의계약 5. 협상위탁 6. 기타 ( ) 7. 해당없음	계약기간 1. 1년 2. 2년 3. 3년 4. 4년 5. 5년 6. 기타 ( )년 7. 해당없음	낙찰자선정방법 1. 적격심사 2. 협상에의한계약 3. 최저가낙찰제 4. 규격가절리 5. 2단계 경쟁입찰 6. 기타 ( ) 7. 해당없음	운영예산 선정 1. 내부선정 (기관 자체적으로 선정) 2. 외부선정 (외부전문기관위탁 선정) 3. 내·외부 모두 선정 4. 선정無 5. 해당없음	정산방법 1. 내부정산 (기관 내부적으로 정산) 2. 외부정산 (외부전문기관위탁 정산) 3. 내·외부 모두 선정 4. 정산無 5. 해당없음	성과평가 실시여부 1. 실시 2. 미실시 3. 향후 추진 4. 해당없음
231	강릉관광개발공사	전기안전관리 대행 용역(강릉오죽한옥마을)	3,480	3	4	1	7	1	1	4
232	강릉관광개발공사	무인경비 용역(강릉오죽한옥마을)	20,748	3	4	1	7	1	1	4
233	강릉관광개발공사	통합보안장비 유지보수 및 출입관리시스템 관리 용역(강릉오죽한옥마을)	5,617	3	4	1	7	1	1	4
234	강릉관광개발공사	정수기 임차(강릉오죽한옥마을)	1,198	3	4	1	7	1	1	4
235	강릉관광개발공사	소방안전관리 대행 용역(강릉통일공원)	1,780	3	4	1	7	1	1	4
236	강릉관광개발공사	복합기 임차(강릉통일공원)	1,320	3	4	1	7	1	1	4
237	강릉관광개발공사	사업장 소득 대행 용역	4,040	3	4	1	7	1	1	4
238	강릉관광개발공사	전기안전관리 대행 용역(강릉통일공원)	1,530	3	4	1	7	1	1	4
239	강릉관광개발공사	무인경비 및 통합보안장비 유지보수 용역(강릉통일공원)	3,234	3	4	1	7	1	1	4
240	강릉관광개발공사	오수정화처리시설관리 대행 용역(강릉통일공원)	6,288	3	4	1	7	1	1	4
241	강릉관광개발공사	정수기 및 공기청정기 임차(강릉통일공원)	1,100	3	4	1	7	1	1	4
242	강릉관광개발공사	고문노무사 자문 용역	2,640	3	4	1	7	1	1	4
243	강릉관광개발공사	운영차량 임차	8,712	3	4	1	7	1	1	4
244	강릉관광개발공사	복합기 임차	18,000	3	4	1	7	1	1	4
245	강릉관광개발공사	자금관리 서버 임차 및 유지보수 용역	1,584	3	4	1	7	1	1	4
246	강릉관광개발공사	무인경비 및 통합보안장비 유지보수 용역	3,630	3	4	1	7	1	1	4
247	강릉관광개발공사	2종 복합기 임차	1,320	3	4	1	7	1	1	4
248	강릉관광개발공사	정수기 임차	605	3	4	1	7	1	1	4
249	강릉관광개발공사	정수기 및 비데 임차	2,069	3	4	1	7	1	1	4
250	강릉관광개발공사	자산관리 서버 임차 및 유지보수 용역	2,322	3	4	1	7	1	1	4
251	강릉관광개발공사	소방안전관리 대행 용역(국민체육센터 볼링장)	2,250	3	4	1	7	1	1	4
252	강릉관광개발공사	포스 서버 임차 및 유지보수 용역(국민체육센터 볼링장)	396	3	4	1	7	1	1	4
253	강릉관광개발공사	무인경비 및 통합보안장비 유지보수 용역(국민체육센터 볼링장)	5,214	3	4	1	7	1	1	4
254	강릉관광개발공사	전기안전관리 대행 용역(국민체육센터 볼링장)	1,452	3	4	1	7	1	1	4
255	강릉관광개발공사	복합기 임차(국민체육센터 볼링장)	1,320	3	4	1	7	1	1	4
256	강릉관광개발공사	정수기 임차(국민체육센터 볼링장)	1,170	3	4	1	7	1	1	4
257	강릉관광개발공사	기계시설 유지보수 용역(국민체육센터 볼링장)	6,600	3	4	1	7	1	1	4
258	강릉관광개발공사	소방안전관리 대행 용역(국민체육센터 수영장)	2,145	3	4	1	7	1	1	4
259	강릉관광개발공사	에너지절감시스템 유지보수 용역(국민체육센터 수영장)	3,300	3	4	1	7	1	1	4

순번	기관명	지출명 (사업명)	2022년 예산 (단위:천원/1년간)	민간위탁 근거 1. 법률에 규정 2. 국고보조 재원(국가지정) 3. 공공기관 필요에 따른 내부 결정사항 4. 조례 등 지자체에서 명시 5. 공공기관 내부규정 존재 6. 국가 정책 및 제정사항 7. 기타 8. 해당없음	입찰방식			운영예산 산정		성과평가 실시여부 1. 실시 2. 미실시 3. 향후 추진 4. 해당없음
					계약체결방법 (경쟁형태) 1. 일반경쟁 2. 제한경쟁 3. 지명경쟁 4. 수의계약 5. 법령특례 6. 기타( ) 7. 해당없음	계약기간 1. 1년 2. 2년 3. 3년 4. 4년 5. 5년 6. 기타( )년 7. 해당없음	낙찰자선정방법 1. 적격심사 2. 협상에의한계약 3. 최저가낙찰제 4. 규격가격동시 5. 2단계 경쟁입찰 6. 기타( ) 7. 해당없음	운영예산 산정 1. 내부산정 (기관 자체적으로 산정) 2. 외부산정 (외부전문기관위탁 산정) 3. 내·외부 모두 산정 4. 산정無 5. 해당없음	정산방법 1. 내부정산 (기관내부적으로 정산) 2. 외부정산 (외부전문기관위탁 정산) 3. 내·외부 모두 정산 4. 정산無 5. 해당없음	
260	강릉관광개발공사	포스 서버 임차 및 유지보수 용역(국민체육센터 수영장)	660	3	4	1	7	1	1	4
261	강릉관광개발공사	승강기 유지보수 용역(국민체육센터 수영장)	1,320	3	4	1	7	1	1	4
262	강릉관광개발공사	무인경비 및 통합보안장비 유지보수 용역(국민체육센터 수영장)	2,838	3	4	1	7	1	1	4
263	강릉관광개발공사	전기안전관리 대행 용역(국민체육센터 수영장)	3,168	3	4	1	7	1	1	4
264	강릉관광개발공사	정수기, 제습기, 비대 임차(국민체육센터 수영장)	5,773	3	4	1	7	1	1	4
265	강릉관광개발공사	전자결제시스템 서버 임차	2,046	3	4	1	7	1	1	4
266	강릉관광개발공사	고문변호사 자문 용역	2,640	3	4	1	7	1	1	4
267	강릉관광개발공사	내부제보시스템 관리 대행 용역	4,900	3	4	1	7	1	1	4
268	강릉관광개발공사	산업안전관리 위탁용역	8,820	3	4	1	7	1	1	4
269	강릉관광개발공사	정보보안프로그램 임차 및 유지보수 용역	3,379	3	4	1	7	1	1	4
270	강릉관광개발공사	전자결제시스템 유지보수 용역	6,980	3	4	1	7	1	1	4
271	강릉관광개발공사	PC-OFF 서비스 용역	2,772	3	4	1	7	1	1	4
272	강릉관광개발공사	실시간 불만제로 및 고객만족도 조사 솔루션 용역	5,500	3	4	1	7	1	1	4
273	강릉관광개발공사	연돈 보도모니터링 전산화시스템 관리 대행 용역	1,320	3	4	1	7	1	1	4
274	강릉관광개발공사	홈페이지 서버 관리 및 유지보수 용역	7,500	3	4	1	7	1	1	4
275	강릉관광개발공사	모래시계조형물 관리 대행 용역(모래시계공원)	19,866	3	4	1	7	1	1	4
276	강릉관광개발공사	전기안전관리 대행 용역(모래시계공원)	2,600	3	4	1	7	1	1	4
277	강릉관광개발공사	무인경비 및 통합보안장비 유지보수 용역(모래시계공원)	3,570	3	4	1	7	1	1	4
278	강릉관광개발공사	포스 서버 임차 및 유지보수 용역(바다부채길)	1,723	3	4	1	7	1	1	4
279	강릉관광개발공사	오수정화처리시설관리 대행 용역(바다부채길)	21,912	3	4	1	7	1	1	4
280	강릉관광개발공사	무인경비 및 통합보안장비 유지보수 용역(바다부채길)	7,458	3	4	1	7	1	1	4
281	강릉관광개발공사	녹함기 임차(바다부채길)	2,640	3	4	1	7	1	1	4
282	강릉관광개발공사	정수기 임차(바다부채길)	1,253	3	4	1	7	1	1	4
283	강릉관광개발공사	전기안전관리 대행 용역(숲사랑홍보관)	2,400	3	4	1	7	1	1	4
284	강릉관광개발공사	녹함기 임차(숲사랑홍보관)	1,188	3	4	1	7	1	1	4
285	강릉관광개발공사	승강기 유지보수 용역(숲사랑홍보관)	1,200	3	4	1	7	1	1	4
286	강릉관광개발공사	무인경비 및 통합보안장비 유지보수 용역(숲사랑홍보관)	4,530	3	4	1	7	1	1	4
287	강릉관광개발공사	폐기물(생활, 음식) 처리 대행 용역(연극예년솔향기캠핑장)	17,220	3	4	1	7	1	1	4
288	강릉관광개발공사	전기안전관리 대행 용역(연극예년솔향기캠핑장)	3,480	3	4	1	7	1	1	4

순번	기관명	지출명 (사업명)	2022년 예산 (단위:천원/1년간)	민간위탁 근거 1. 법률에 규정 2. 국고보조 재원(국가지정) 3. 공공기관 필요에 따른 4. 조례 등 지자체에서 명시 5. 공공기관 내부규정 존재 6. 국가 정책 및 재정사정 7. 기타 8. 해당없음	계약체결방법 (경쟁형태) 1. 일반경쟁 2. 제한경쟁 3. 지명경쟁 4. 수의계약 5. 변형위탁 6. 기타( ) 7. 해당없음	입찰방식 계약기간 1. 1년 2. 2년 3. 3년 4. 4년 5. 5년 6. 기타( )년 7. 해당없음	낙찰자선정방법 1. 적격심사 2. 협상에의한계약 3. 최저가낙찰제 4. 규격가격분리 5. 2단계 경쟁입찰 6. 기타( ) 7. 해당없음	운영예산 산정 1. 내부산정 (기관 자체적으로 산정) 2. 외부산정 (외부전문기관위탁 산정) 3. 내·외부 모두 산정 4. 산정無 5. 해당없음	운영예산 산정 정산방법 1. 내부정산 (기관 내부적으로 정산) 2. 외부정산 (외부전문기관위탁 정산) 3. 내·외부 모두 산정 4. 정산無 5. 해당없음	성과평가 실시여부 1. 실시 2. 미실시 3. 향후 추진 4. 해당없음
289	강릉관광개발공사	무인경비 및 통합보안장비·CCTV 유지보수 용역(연극해변솔향기캠핑장)	4,884	3	4	1	7	1	1	4
290	강릉관광개발공사	복합기 임차(연극해변솔향기캠핑장)	1,320	3	4	1	7	1	1	4
291	강릉관광개발공사	정수기 임차(연극해변솔향기캠핑장)	539	3	4	1	7	1	1	4
292	강릉관광개발공사	전기안전관리 대행 용역(임해자연휴양림)	2,940	3	4	1	7	1	1	4
293	강릉관광개발공사	통합보안장비 유지보수 용역(임해자연휴양림)	1,650	3	4	1	7	1	1	4
294	강릉관광개발공사	오수정화처리시설관리 대행 용역(임해자연휴양림)	6,300	3	4	1	7	1	1	4
295	강릉관광개발공사	정수기 임차(임해자연휴양림)	395	3	4	1	7	1	1	4
296	강릉관광개발공사	22년 청소위탁용역	1,271,000	3	1	1	1	1	1	4
297	강릉관광개발공사	22년 캠핑장 청구류세탁용역	35,940	3	2	1	3	1	1	4
298	강릉관광개발공사	22년 오죽한옥마을 청구류세탁용역	96,000	3	2	1	3	1	1	4
299	강릉관광개발공사	22년 임해자연휴양림 청구류세탁용역	35,000	3	2	1	3	1	1	4
300	경기신용보증재단	고객센터 운영	918,324	3	2	2	2	2	2	1
301	경기신용보증재단	정보시스템 유지보수	2,022,679	7	7	7	7	7	7	4
302	(재)경북여성정책개발원	청소관리 용역	90,000	3	2	1	3	2	1	4
303	(재)경북여성정책개발원	안전관리자 위탁선임	3,600	3	4	1	7	1	1	4
304	(재)경북여성정책개발원	소방안전관리 용역	4,200	3	4	1	7	1	1	4
305	(재)경북여성정책개발원	정보통신망 운영 유지관리 용역	3,600	3	4	1	7	1	1	4
306	(재)경북여성정책개발원	전기안전관리 용역	4,800	3	4	1	7	1	1	4
307	(재)경북여성정책개발원	승강기 유지관리 용역	9,000	3	4	1	7	1	1	4
308	경상북도개발공사	정보시스템 통합유지보수	490,000	7	2	2	6	2	2	1
309	경상북도개발공사	사옥 및 복지동 무인경비시스템 유지관리	3,548	7	1	1	3	1	1	2
310	경상북도개발공사	사옥 조경 유지관리 용역	50,996	7	4	1	6	1	1	2
311	경상북도문화관광공사	침구류세탁	54,000	3	4	1	7	1	1	2
312	경제·인문사회연구회	출연연 사업비보안 관제센터	995,138	1	2	2	2	2	1	4
313	경제·인문사회연구회	연구회 정보시스템 통합유지관리 사업	514,114	5	2	2	2	2	1	4
314	고양시	고양시 사회복지지원사업	3,000	4	2	2	1	1	1	2
315	고양도시관리공사	2022년 고양바이오매스 퇴비화부자재(톱밥) 구매	348,608	7	1	1	1	1	1	4
316	고양도시관리공사	2022년 고양바이오매스 에너지시설 약품 구매	587,222	7	1	1	1	1	1	4
317	고양도시관리공사	2022년 고양바이오매스 폐수처리오니 운반처리 용역	458,848	7	2	1	1	1	1	4

순번	기관명	지출명 (사업명)	2022년 예산 (단위:천원/1년간)	민간위탁 근거 1. 법률에 규정 2. 국고보조 재원(국가지정) 3. 공공기관 필요에 따른 4. 조례 등 지자체에서 명시 5. 공공기관 내부규정 존재 6. 국가 정책 및 재정사항 7. 기타 8. 해당없음	입찰방식 계약체결방법 (경쟁형태) 1. 일반경쟁 2. 제한경쟁 3. 지명경쟁 4. 수의계약 5. 법정위탁 6. 기타 ( ) 7. 해당없음	계약기간 1. 1년 2. 2년 3. 3년 4. 4년 5. 5년 6. 기타 ( )년 7. 해당없음	낙찰자선정방법 1. 적격심사 2. 협상에의한계약 3. 최저가낙찰제 4. 규격가격분리 5. 2단계 경쟁입찰 6. 기타 7. 해당없음	운영예산 산정 1. 내부산정 (기관 자체적으로 산정) 2. 외부산정 (외부전문기관위탁 산정) 3. 내·외부 모두 산정 4. 산정 無 5. 해당없음	정산방법 1. 내부정산 (기관 내부적으로 정산) 2. 외부정산 (외부전문기관위탁 정산) 3. 내·외부 모두 정산 4. 정산 無 5. 해당없음	성과평가 실시여부 1. 실시 2. 미실시 3. 향후 추진 4. 해당없음
318	고양도시관리공사	2022년 고양바이오매스 폐수 및 식종미생물 운반용역	303,03	7	2	1	6	1	1	4
319	고양도시관리공사	2022년 고양바이오매스 퇴비 운반처리	258,964	7	2	1	6	1	1	4
320	고양도시관리공사	2022년 바이오에너지시설 복토기	1,980	7	4	1	6	1	1	4
321	고양도시관리공사	2022년도 바이오에너지시설 임차(정수기, 정장기)	5,041	7	4	1	6	1	1	4
322	고양도시관리공사	고양바이오매스에너지시설 고소작업장비 임차	4,224	7	4	1	6	1	1	4
323	고양도시관리공사	고양바이오매스에너지시설 2022년 자동제어 유지관리	11,000	7	4	1	6	1	1	4
324	고양도시관리공사	2022년 소방안전관리대행용역	3,420	7	4	1	6	1	1	4
325	고양도시관리공사	2022년 승강기유지보수용역	3,300	7	4	1	6	1	1	4
326	고양도시관리공사	고양바이오매스 에너지시설 고양바이오매스 분석	19,987	7	4	1	6	1	1	4
327	공무원연금공단	외부회계감사 용역	57,000	1	2	3	2	3	1	4
328	공무원연금공단	직장어린이집 운영	275,000	3	1	6	2	1	7	4
329	공무원연금공단	무인남우 임대주택 위탁관리수료	700	3	7	7	7	7	7	4
330	공무원연금공단	대구중호상록아파트 관리업무 위탁 용역	5,652	7	2	3	3	7	7	4
331	공무원연금공단	경북안동상록아파트 관리업무 위탁 용역	5,142	7	2	3	3	7	7	4
332	공무원연금공단	사무실 현장미화 위탁용역	5,880	7	4	1	7	7	7	4
333	공무원연금공단	사무실 및 임대상가 방역소독	900	7	4	1	7	7	7	4
334	공무원연금공단	사무실 무인경비 용역	3,408	7	4	3	7	3	1	4
335	공무원연금공단	대전노은상록아파트 관리업무 위수탁 용역	10,000	7	4	2	7	3	1	4
336	공무원연금공단	충남내포상록아파트 관리업무 위수탁 용역	650	7	4	1	7	3	1	4
337	공무원연금공단	마산교방 상록아파트 위탁 관리	4,536	1	7	7	7	7	7	4
338	공무원연금공단	서울상계 상록아파트 관리업무 위수탁 용역	13,182	1	2	3	1	1	1	4
339	공무원연금공단	서울고덕 상록아파트 관리업무 위수탁 용역	1,459	1	4	1	7	1	1	4
340	공무원연금공단	세종 한솔마을 1단지 상록아파트 관리업무 위수탁 용역	6,046	7	4	3	7	1	1	4
341	공무원연금공단	세종 범지기마을 상록아파트 관리업무 위수탁 용역	7,058	7	4	3	1	1	1	4
342	공무원연금공단	청소용역 위탁관리	16,616	1	4	1	7	1	1	4
343	공정거래위원회	기관운영 비총인건비성 기본경비 (임대청사 청소용역)	23,280	7	7	4	1	7	7	1
344	공정거래위원회	카르텔환경개선(입찰담합징후분석시스템 유지보수)	33,000	1	7	4	1	7	7	1
345	공정거래위원회	디지털포렌식센터 운영(정보화)	160,000	1	7	1	1	2	1	1
346	공정거래위원회	소비자종합지원시스템 운영(정보화)	501,000	1	7	7	7	7	1	1

순번	기관명	지출명 (사업명)	2022년 예산 (단위:천원/1년간)	민간위탁 근거 1. 법률에 규정 2. 국고보조 재원(국가지정) 3. 공공기관 필요에 따른 4. 조례 등 지자체에서 명시 5. 공공기관 내부규정 존재 6. 국가 정책 및 재정사항 7. 기타 8. 해당없음	계약체결방법 (경쟁형태) 1. 일반경쟁 2. 제한경쟁 3. 지명경쟁 4. 수의계약 5. 낙찰하탁 6. 기타 ( ) 7. 해당없음	계약기간 1. 1년 2. 2년 3. 3년 4. 4년 5. 5년 6. 기타 ( )년 7. 해당없음	낙찰자선정방법 1. 적격심사 2. 협상에의한계약 3. 최저가낙찰제 4. 규격가격분리 5. 2단계 경쟁입찰 6. 기타 ( ) 7. 해당없음	운영예산 선정 1. 내부선정 (기관 자체적으로 선정) 2. 외부선정 (외부전문기관위탁 선정) 3. 내외부 모두 선정 4. 선정 無 5. 해당없음	정산방법 1. 내부정산 (기관 내부적으로 정산) 2. 외부정산 (외부전문기관위탁 정산) 3. 내외부 모두 산정 4. 정산 無 5. 해당없음	성과평가 실시여부 1. 실시 2. 미실시 3. 향후 추진 4. 해당없음
347	공정거래위원회	기획조정실 비품에인건비성 기본경비(전화상담시스템 유지보수)	1,500		7	4	1	7	3	3
348	공정거래위원회	전산운영경비(정보화) - 행정정보시스템 운영 및 유지관리 사업(21~22년)	625,000	1	7	2	2	2	1	1
349	공정거래위원회	정보화 기반역량중(정보화) - 전화권유판매 수신거부의사 등록시스템(두낫콜) 운영	170,000		7	5	1	7	1	1
350	공정거래위원회	기업집단포털시스템 운영(정보화)	572,000	1	7	4	3	2	1	1
351	공정거래위원회	건전한 유통거래 질서 확립(가맹사업정보제공시스템 유지보수)	84,000	1	7	1	1		1	1
352	공정거래위원회	공정거래협약 평가시스템 운영	32,000	1	7	2	1	2	1	1
353	과천도시공사	건물 방역 연간계약	7,585		4	1	2	1	1	4
354	관악문화재단	관악아트홀시설종합관리	952,287	3	2	1	1	1	4	2
355	관악문화재단	성골발골교육센터시설종합관리	412,962	3	2	1	1	1	4	2
356	관악문화재단	하드웨어 유지보수	24,000	3	4	1	3	1	1	2
357	관악문화재단	표준자료관리시스템 유지보수	22,000	3	4	1	3	1	4	2
358	광명도시공사	광명동굴 예매발권시스템 임차용역	76,000	3	2	3	2	1	1	1
359	광명도시공사	무인경비시스템 운영	116,371	7	1	3	1	1	1	4
360	광명도시공사	광명동굴 온라인 판매 대행사 선정	100,000	3	1	3	2	1	1	3
361	(재)광주과학기술진흥원	홈페이지 유지보수	3,000	3	4	1	3	1	1	4
362	(재)광주과학기술진흥원	정보시스템 유지보수	18,720	3	4	1	3	1	1	4
363	광주광역시도시공사	빛고을표장 안내, 청소 등 용역	941,397	3	1	1	1	1	1	4
364	광주광역시도시공사	빛고을고객센터 시설물관리 용역(청소, 경비)	716,992	3	1	1	3	1	1	4
365	광주광역시도시공사	신창국민임대주택 관리용역	4,352,760	3	4	1	3	1	1	1
366	광주광역시도시공사	하남2국민임대주택 관리용역	5,650,560	3	4	1	3	1	1	1
367	광주광역시도시공사	선운공공임대주택 관리용역	329,267	3	7	1	7	1	1	1
368	광주광역시도시공사	산정빛여울채아파트 관리용역	2,520,000	3	1	1	3	1	1	1
369	광주광역시도시공사	농성빛여울채아파트 관리용역	2,968,800	3	1	1	3	1	1	1
370	광주광역시도시공사	주월빛여울채아파트 관리용역	1,613,640	3	1	1	3	1	1	1
371	광주광역시도시공사	광주행복임대주택 관리용역	4,185,840	3	4	1	3	1	1	1
372	광주광역시도시공사	서림행복임대주택 관리용역	325,840	3	7	1	7	1	1	1
373	광주광역시도시공사	정보시스템(전산장비) 유지관리	85,253	3	2	1	1	1	1	4
374	광주광역시도시공사	2022~2023년 통합정보시스템(ERP) 유지관리	132,305	3	2	2	2	1	1	4
375	광주광역시도시공사	대표 홈페이지 유지관리	2,061,000	3	4	1	7	1	1	4

-13-

순번	기관명	지출명 (사업명)	2022년 예산 (단위:천원/1년간)	민간위탁 근거 1. 법률에 규정 2. 국고보조 재원(국가지정) 3. 공공기관 필요에 따른 내부 결정사항 4. 조례 등 지자체에서 명시 5. 공공기관 내부규정 존재 6. 국가 정책 및 재정사항 7. 기타 8. 해당없음	입찰방식 계약체결방법 (경쟁형태) 1. 일반경쟁 2. 제한경쟁 3. 지명경쟁 4. 수의계약 5. 분정위탁 6. 기타 ( ) 7. 해당없음	계약기간 1. 1년 2. 2년 3. 3년 4. 4년 5. 5년 6. 기타 ( )년 7. 해당없음	낙찰자선정방법 1. 적격심사 2. 협상에의한계약 3. 최저가낙찰제 4. 규격가격분리 5. 2단계 경쟁입찰 6. 기타 7. 해당없음	운영예산 산정 운영예산 산정 1. 내부산정 (기관 자체적으로 산정) 2. 외부산정 (외부전문기관위탁 산정) 3. 내·외부 모두 산정 4. 산정 無 5. 해당없음	정산방법 1. 내부정산 (기관 내부적으로 정산) 2. 외부정산 3. 내·외부 모두 산정 4. 정산 無 5. 해당없음	성과평가 실시여부 1. 실시 2. 미실시 3. 향후 추진 4. 해당없음
376	광주광역시도시공사	상무골프장소용역	114,492	3	4	1	7	1	1	4
377	광주광역시도시공사	상무골프장내용역	83,873	3	4	1	7	1	1	4
378	광주광역시도시공사	열차제어컴퓨터(TCC) 유지보수 용역	22,000	3	7	7	7	7	7	4
379	구리농수산물공사	홈페이지 정렬신고센터 운영 및 유지	6,000	7	4	1	7	1	5	4
380	구리농수산물공사	인승호몰용승강기 정기점검 유지·보수용역	22,000	7	4	1	3	1	1	4
381	구리농수산물공사	CCTV 판독원 용역	46,000	7	4	1	7	1	1	4
382	구리농수산물공사	2021년 돈지주차장 청소용역	23,000	7	4	1	7	1	1	4
383	구리농수산물공사	주차관제시스템 유지보수 용역	83,004	7	2	1	1	1	1	4
384	구리농수산물공사	주차요금징수 및 주차관제실 위탁관리 용역비	1,268,660	7	2	2	7	1	1	4
385	구리농수산물공사	인사급여프로그램 유지보수	2,000	7	4	1	7	1	5	4
386	구리농수산물공사	근태관리시스템 유지보수	468	7	4	1	7	1	5	4
387	구리농수산물공사	회계시스템 유지보수 용역	1,900	7	4	1	7	1	1	4
388	구리농수산물공사	직원식당 운영 등 위탁관리 용역	94,396	7	2	2	1	1	1	4
389	구리농수산물공사	방역(소독)용역비	24,000	7	4	1	7	1	1	4
390	구리농수산물공사	실내청소 용역비	495,640	7	1	2	1	1	1	4
391	구리농수산물공사	폐수처리장 운영 유지관리용역	386,616	7	2	2	7	1	1	4
392	구리농수산물공사	편의시설 및 2.3층 주차장 공용구역 청소미	120,000	7	1	2	7	1	1	4
393	구리농수산물공사	공식쇼핑몰 위탁관리 용역	128,520	7	2	2	7	1	1	4
394	구리농수산물공사	상장예외 반입신고소 용역	69,891	7	2	2	1	1	1	4
395	구리농수산물공사	DB암호화솔루션 유지관리 용역	2,040	7	4	1	7	1	5	4
396	구리농수산물공사	개인정보유출방지시스템 및 DB접근제어시스템 유지관리	5,400	7	4	1	7	1	5	4
397	구리농수산물공사	개인정보 및 유해개시물 필터링시스템 유지관리	2,640	7	4	1	7	1	5	4
398	구리농수산물공사	전자결재시스템 유지관리 용역	3,600	7	4	1	7	1	5	4
399	구리농수산물공사	웹메일 및 스팸차단시스템 유지관리 용역	4,200	7	4	1	7	1	5	4
400	구리농수산물공사	홈페이지시스템 유지관리 용역	4,800	7	4	1	7	1	5	4
401	구리농수산물공사	통합보안장비 유지관리 용역	5,040	7	4	1	7	1	5	4
402	구리농수산물공사	판매원표정산시스템 유지관리용역	2,400	7	4	1	7	1	5	4
403	구리농수산물공사	관리비시스템 유지관리용역	2,760	7	4	1	7	1	5	4
404	구리농수산물공사	서버보안시스템 유지관리 용역	1,800	7	4	1	7	1	5	4

순번	기관명	지출명 (사업명)	2022년 예산 (단위:천원/1년간)	민간위탁 근거 1. 법률에 규정 2. 국고보조 재원(국가지장) 3. 공공기관 필요에 따른 　내부 결정사항 4. 조례 등 지자체에서 명시 5. 공공기관 내부규정 존재 6. 국가 정책 및 지정사항 7. 기타 8. 해당없음	계약체결방법 (경쟁형태) 1. 일반경쟁 2. 제한경쟁 3. 지명경쟁 4. 수의계약 5. 협정위탁 6. 기타 ( ) 7. 해당없음	입찰방식 계약기간 1. 1년 2. 2년 3. 3년 4. 4년 5. 5년 6. 기타 ( )년 7. 해당없음	낙찰자선정방법 1. 적격심사 2. 협상에의한계약 3. 최저가낙찰제 4. 규격가격분리 5. 2단계 경쟁입찰 6. 기타 ( ) 7. 해당없음	운영예산 선정 운영예산 1. 내부선정 　(기관 자체적으로 선정) 2. 외부선정 　(외부전문기관위탁 선정) 3. 내외부 모두 선정 4. 선정 無 5. 해당없음	정산방법 1. 내부정산 　(기관 내부적으로 정산) 2. 외부정산 　(외부전문기관위탁 정산) 3. 내외부 모두 선정 4. 정산 無 5. 해당없음	성과평가 실시여부 1. 실시 2. 미실시 3. 향후 추진 4. 해당없음
405	구리농수산물공사	백업시스템 유지관리 용역	2,640	7	4	1	7	1	5	4
406	구리농수산물공사	구리농수산물도매시장 건축·토목 시설물유지관리용역	232,479	7	2	2	1	1	1	4
407	구리농수산물공사	시설물(기계,전기,소방) 유지관리 용역	953,000	7	2	2	1	1	1	4
408	국가평생교육진흥원	학점은행제-독학학위제 콜센터 운영 위탁	1,600,000	3	6	2	2	2	7	2
409	국가평생교육진흥원	한국형 온라인 공개강좌(K-MOOC) 상담플센터 운영 위탁	180,000	3	1	2	2	2	1	2
410	국가평생교육진흥원	2022년 학점은행제 학점인정 신청 접수 등 위탁사업	600,000	3	6	1	2	2	1	2
411	국가평생교육진흥원	2021년도 한국형 공개강좌(K-MOOC) 운영 인터넷 회선 임차 사업	38,000	3	1	5	2	2	1	2
412	국가평생교육진흥원	2021년도 한국형 공개강좌(K-MOOC) 운영 사업 홍보	110,000	3	2	2	2	2	1	2
413	국가평생교육진흥원	평생교육 바우처 상담콜센터 위탁 운영	400,000	3	6	2	2	2	1	2
414	국가평생교육진흥원	2021년 대학의 평생교육체제지원사업(LiFE) 사업비 위탁 회계감사	21,000	3	2	2	7	1	7	2
415	국가평생교육진흥원	2022년 학점은행제-독학학위제 정보시스템 운영 및 유지보수	500,000	3	7	7	7	7	7	4
416	국가평생교육진흥원	2022년도 국가평생교육진흥원 정보시스템 통합 유지보수	560,000	3	7	7	7	7	7	4
417	국가평생교육진흥원	2022년도 행정정보시스템 운영 및 개선	300,000	3	7	7	7	7	7	4
418	국립생태원	국립생태원 정보시스템 통합 유지보수(21년~22년)	759,825	3	4	2	2	1	1	4
419	국립생태원	국립생태원 직장어린이집 위탁운영 용역	263,090	1	1	5	2	1	1	4
420	국민연금공단	기금운용정보시스템 운영	1,401,917	7	2	3	2	1	1	1
421	국민연금공단	통합유지보수 및 온라인 통신망 운영	7,652,000	3	2	3	2	1	1	4
422	국민연금공단	고객관리 정보시스템 운영	1,970,000	7	2	3	2	1	1	4
423	국민연금공단	공동 연계금 여정보시스템 운영	142,000	7	2	3	2	1	1	4
424	국민연금공단	정보 연계시스템 및 통신망 유지관리	384,000	7	2	3	2	1	1	4
425	국민연금공단	기금 계량분석시스템 운영	69,000	7	2	3	2	1	1	4
426	국민연금공단	정보보안 시스템 운영	761,040	7	1	3	2	1	1	4
427	국민연금공단	복지타운 운영	8,932,000	1	1	5	2	1	1	1
428	국토연구원	어린이집 지원금	120,000	7	2	3	2	1	5	4
429	김포도시관리공사	승강기안전점검관리대행	10,043	3	4	1	7	1	1	4
430	김포도시관리공사	전기안전관리대행	9,510	3	4	1	7	1	1	4
431	김포도시관리공사	소방안전관리대행	12,369	3	4	1	7	1	1	4
432	김포도시관리공사	CCTV 임대	744	3	4	1	7	1	1	4
433	김포도시관리공사	홈페이지 유지보수	15,960	3	4	1	7	1	1	4

순번	기관명	지출명(사업명)	2022년 예산 (단위:천원/1년간)	민간위탁 근거 1.법률에 규정 2.국고보조 재원(국가지정) 3.공공기관 필요에 따른 4.조례 등 지자체에서 명시 5.공공기관 내부규정 존재 6.국가 정책 및 재정사항 7.기타 8.해당없음	입찰방식 계약체결방법(경쟁형태) 1.일반경쟁 2.제한경쟁 3.지명경쟁 4.수의계약 5.법정위탁 6.기타 7.해당없음	계약기간 1.1년 2.2년 3.3년 4.4년 5.5년 6.기타()년 7.해당없음	낙찰자선정방법 1.적격심사 2.협상에의한계약 3.최저가낙찰제 4.규격가격분리 5.2단계 경쟁입찰 6.기타 7.해당없음	운영예산 산정 운영예산 산정 1.내부산정(기관 자체적으로 산정) 2.외부산정(외부전문기관위탁 산정) 3.내외부 모두 산정 4.산정無 5.해당없음	정산방법 1.내부정산(기관 내부적으로 정산) 2.외부정산(외부전문기관위탁 정산) 3.내외부 모두 산정 4.정산無 5.해당없음	성과평가 실시여부 1.실시 2.미실시 3.향후 추진 4.해당없음
434	김포도시관리공사	홈페이지 서버 유지보수	3,600	3	4	1	7	1	1	4
435	김포도시관리공사	간이화장실 정화조 청소	2,400	3	4	1	7	1	1	4
436	김포도시관리공사	업무용 차량 임차	14,400	3	4	3	7	1	1	4
437	김포도시관리공사	스마트 태블릿 임대	3,234	3	4	1	7	1	1	4
438	김포도시관리공사	스마트기기 주차관리시스템 유지보수	3,960	3	4	1	7	1	1	4
439	김포도시관리공사	정수기, 공기청정기 임대	2,520	3	4	3	7	1	1	4
440	김포도시관리공사	쉘출입시스템 유지보수	1,320	3	4	1	7	1	1	4
441	김포도시관리공사	지하차도 소방안전관리 대행 위탁	5,040	1	4	1	7	1	1	4
442	김포도시관리공사	지하차도 자동제어시스템 유지보수 위탁	12,000	3	4	1	7	1	1	4
443	김포도시관리공사	지하차도 UPS설비 안전점검 위탁	10,560	3	4	1	7	1	1	4
444	김포도시관리공사	월곶 전기안전관리 대행 위탁	4,440	1	4	1	7	1	1	4
445	김포도시관리공사	월곶 정화조 관리 대행 위탁	3,300	1	4	1	7	1	1	4
446	김포도시관리공사	월곶 소방안전관리 대행 위탁	1,560	1	4	1	7	1	1	4
447	김포도시관리공사	걸포 웰용 운영시스템 임대 및 운용 용역	5,280	3	4	1	7	1	1	4
448	김포도시관리공사	시민회관 야간경비용역	40,344	1	4	1	6	1	1	4
449	김포도시관리공사	시민회관 승강기 점검	1,821	1	4	1	7	1	1	4
450	김포도시관리공사	시민회관팀 소방안전관리	3,168	3	4	1	7	1	1	4
451	김포도시관리공사	종합운동장 승강기 안전관리	1,821	1	4	1	7	1	1	4
452	김포도시관리공사	종합운동장 전기안전관리	2,376	1	4	1	7	1	1	4
453	김포도시관리공사	통무체육관 소방점검 위탁관리비	1,452	1	4	1	7	1	1	4
454	김포도시관리공사	통무체육관 승강기 점검수수료	3,000	1	4	1	7	1	1	4
455	김포도시관리공사	통무체육관 수영장 청소기(풀크리너) 유지관리비	1,848	3	4	1	7	1	1	4
456	김포도시관리공사	걸포체육관 전기안전관리 대행수수료	3,960	1	4	1	7	1	1	4
457	김포도시관리공사	걸포체육관 소방안전관리 대행수수료	1,800	1	4	1	7	1	1	4
458	김포도시관리공사	걸포체육관 승강기안전관리 대행수수료	1,452	1	4	1	7	1	1	4
459	김포도시관리공사	노을체육관 전기안전관리 대행수수료	1,056	1	4	1	7	1	1	4
460	김포도시관리공사	노을체육관 소방안전관리 대행수수료	1,320	1	4	1	7	1	1	4
461	김포도시관리공사	노을체육관 승강기안전관리 대행수수료	2,400	1	4	1	7	1	1	4
462	김포도시관리공사	김포생활체육관 야간경비용역	34,580	3	4	1	6	1	1	4

순번	기관명	지출명(사업명)	2022년 예산 (단위:천원/1년간)	민간위탁 근거 1.법률에 규정 2.국고보조 재원(국가지정) 3.공공기관 필요에 따른 내부 결정사항 4.조례 등 지자체에서 명시 5.공공기관 내부규정 존재 6.국가 정책 및 재정사항 7.기타 8.해당없음	계약체결방법 (경쟁형태) 1.일반경쟁 2.제한경쟁 3.지명경쟁 4.수의계약 5.벌정위탁 6.기타() 7.해당없음	계약기간 1.1년 2.2년 3.3년 4.4년 5.5년 6.기타()년 7.해당없음	낙찰자선정방법 1.적격심사 2.협상에의계약 3.최저가낙찰제 4.규격가격분리 5.2단계 경쟁입찰 6.기타() 7.해당없음	운영예산 선정 1.내부선정(기관 자체적으로 선정) 2.외부선정(외부전문기관위탁 선정) 3.내·외부 모두 선정 4.선정無 5.해당없음	정산방법 1.내부정산(기관 내부적으로 정산) 2.외부정산(외부전문기관위탁 정산) 3.내·외부 모두 선정 4.정산無 5.해당없음	성과평가 실시여부 1.실시 2.미실시 3.향후 추진 4.해당없음
463	김포도시관리공사	김포생활체육관 승강기 점검	5,412	1	4	1	7	1	1	4
464	김포도시관리공사	김포생활체육관 소방안전관리	2,760	1	4	1	7	1	1	4
465	김포도시관리공사	문화회관 소방안전관리 대행수수료	1,320	1	4	1	7	1	1	4
466	김포도시관리공사	문화회관 승강기안전관리 대행수수료	1,440	1	4	1	7	1	1	4
467	김포도시관리공사	문화회관 전기안전관리 대행수수료	2,640	1	4	1	7	1	1	4
468	김포도시관리공사	농어민체육관 소방안전관리 대행수수료	1,200	1	4	1	7	1	1	4
469	김포도시관리공사	농어민체육관 전기안전관리 대행수수료	6,000	1	4	1	7	1	1	4
470	김포도시관리공사	전기안전관리	2,640	1	4	1	7	1	1	2
471	김포도시관리공사	소방안전관리	1,320	1	4	1	7	1	1	2
472	김포도시관리공사	방역소독용역	3,600	3	4	1	7	1	1	1
473	김포도시관리공사	전기안전관리 대행	2,640	1	4	1	7	3	1	3
474	김포도시관리공사	소방안전관리 대행	1,716	1	4	1	7	3	1	1
475	김포도시관리공사	승강기안전관리 대행	1,848	1	4	1	7	3	1	3
476	김포도시관리공사	소방안전관리대행	1,584	1	4	1	7	1	1	2
477	김포도시관리공사	승강기 관리대행	2,400	1	4	1	7	1	1	2
478	김포도시관리공사	오수정화설비 관리대행	5,184	1	4	1	7	1	1	2
479	김포도시관리공사	입장권 시스템 관리	1,000	3	4	1	7	1	1	2
480	김포도시관리공사	전기안전관리대행	8,520	1	4	1	7	1	1	2
481	김포도시관리공사	오수정화설비 관리대행	5,184	1	4	1	7	1	1	2
482	김포도시관리공사	소방안전관리대행	4,884	1	4	1	7	1	1	2
483	김포도시관리공사	오수정화조 관리대행	1,980	1	4	1	7	1	1	2
484	김포도시관리공사	전기안전관리 대행 수수료	1,800	1	4	1	7	1	1	2
485	김포도시관리공사	오수정화조 위탁관리비	2,640	1	4	1	7	1	1	2
486	김포도시관리공사	경비	78,888	3	4	1	6	1	1	2
487	김포도시관리공사	음폐수 처리 및 운반	164,125	3	2	1	1	1	1	2
488	김포도시관리공사	수질 자가측정 대행	22,381	1	4	1	6	1	1	2
489	김포도시관리공사	화원관리프로그램 유지보수	4,800	3	4	1	7	1	1	2
490	김포도시관리공사	승강기 안전점검 유지보수	1,584	3	4	1	7	1	1	2
491	김포도시관리공사	소방 안전점검 유지보수	1,584	3	4	1	7	1	1	2

-17-

순번	기관명	지출명(사업명)	2022년 예산 (단위:천원/1년간)	민간위탁 근거	계약체결방법 (경쟁형태)	계약기간	낙찰자선정방법	운영예산 선정	정산방법	성과평가 실시여부
				1. 법률에 규정 2. 국고보조 재원(국가지정) 3. 공공기관 필요에 따른 내부 결정사항 4. 조례 등 지자체에서 명시 5. 공공기관 내부규정 존재 6. 국가 정책 및 제정사항 7. 기타 8. 해당없음	1. 일반경쟁 2. 제한경쟁 3. 지명경쟁 4. 수의계약 5. 협정위탁 6. 기타 7. 해당없음	1. 1년 2. 2년 3. 3년 4. 4년 5. 5년 6. 기타 ( ) 7. 해당없음	1. 적격심사 2. 협상에의한계약 3. 최저가낙찰제 4. 규격가격관리 5. 2단계 경쟁입찰 6. 기타 7. 해당없음	1. 내부산정 (기관 자체적으로 산정) 2. 외부산정 (외부전문기관위탁 산정) 3. 내외부 모두 산정 4. 산정 無 5. 해당없음	1. 내부산정 (기관 내부적으로 정산) 2. 외부산정 (외부전문기관위탁 정산) 3. 내외부 모두 정산 4. 정산 無 5. 해당없음	1. 실시 2. 미실시 3. 향후 추진 4. 해당없음
492	김포도시관리공사	수영장 수중청소기 유지보수	1,848	3	4	1	7	1	1	2
493	김포도시관리공사	해충방제 및 방역	2,004	3	4	1	7	1	1	2
494	김포도시관리공사	소각바닥재 위탁처리	131,868	1	2	1	1	1	1	2
495	김포도시관리공사	광재류 위탁처리	81,840	1	4	1	6	1	1	2
496	김포도시관리공사	비산재 위탁처리	540,000	1	2	1	1	1	1	2
497	김포도시관리공사	대기 TMS 유지관리	22,000	1	4	1	6	1	1	2
498	김포도시관리공사	DCS 유지관리	21,996	3	4	1	6	1	1	2
499	김포도시관리공사	소방 안전점검 유지보수	3,036	3	4	1	7	1	1	2
500	김포도시관리공사	승강기 안전점검 유지보수	5,808	3	4	1	7	1	1	2
501	김포도시관리공사	해충방제 및 방역	7,320	3	4	1	7	1	1	2
502	김포도시관리공사	산업안전관리	5,148	1	4	1	7	1	1	2
503	김포도시관리공사	업무용 컴퓨터 유지보수	20,101	3	4	1	6	1	1	1
504	김포도시관리공사	전자결재 유지보수	19,017	3	4	1	6	1	1	1
505	김포도시관리공사	서버 및 백업시스템 유지보수	11,879	3	4	1	6	1	1	1
506	김포도시관리공사	방화벽 등 보안시스템 유지보수	45,396	3	4	1	6	1	1	1
507	김포도시관리공사	인사급여시스템 유지보수	9,600	3	4	1	7	1	1	1
508	김포도시관리공사	스토리지 및 백업시스템 유지보수	20,849	3	4	1	6	1	1	1
509	김포도시관리공사	대표홈페이지 유지보수	15,960	3	4	1	7	1	1	1
510	김포도시관리공사	자산관리시스템 유지보수비	1,296	3	4	1	7	1	1	4
511	김포도시관리공사	예산회계시스템(ERP) 용역비	3,000	3	4	1	7	1	1	4
512	김포도시관리공사	근태관리 및 무인경비 용역비	85,000	3	4	3	7	1	1	4
513	김포도시관리공사	공인노무사 선임수수료	1,200	3	4	1	7	1	1	4
514	남양주도시공사	무인경비시스템	8,034	3	4	1	3	1	1	1
515	남양주도시공사	방역소독	3,600	3	4	1	3	1	1	1
516	남양주도시공사	승강기점검	1,481	3	4	1	3	1	1	1
517	남양주도시공사	장애인리프트	1,484	3	4	1	3	1	1	1
518	남양주도시공사	전기안전관리대행	6,761	1	4	1	7	1	1	1
519	남양주도시공사	무인경비시스템	4,410	3	4	1	3	1	1	1
520	남양주도시공사	방역소독	3,120	1	4	1	3	1	1	1

순번	기관명	지출명 (사업명)		2022년 예산 (단위:천원/1년간)	민간위탁 근거 1. 법률에 규정 2. 국고보조 재원(국가지정) 3. 공공기관 필요에 따른 내부 결정사항 4. 조례 등 지자체에서 명시 5. 공공기관 내부규정 존재 6. 국가 정책 및 재정사항 7. 기타 8. 해당없음	입찰방식			운영예산 선정		성과평가 실시여부 1. 실시 2. 미실시 3. 향후 추진 4. 해당없음

						계약체결방법
						(경쟁형태)
						1. 일반경쟁
						2. 제한경쟁
						3. 지명경쟁
						4. 수의계약
						5. 변경위탁
						6. 기타 ( )
						7. 해당없음
							계약기간
							1. 1년
							2. 2년
							3. 3년
							4. 4년
							5. 5년
							6. 기타 ( )년
							7. 해당없음
								낙찰자선정방법
								1. 적격심사
								2. 협상에의한계약
								3. 최저가낙찰제
								4. 규격가격리
								5. 2단계 경쟁입찰
								6. 기타 ( )
								7. 해당없음
									운영예산 선정
									1. 내부선정
									  (기관 자체적으로 선정)
									2. 외부선정
									  (외부전문기관위탁 선정)
									3. 내·외부 모두 선정
									4. 선정 無
									5. 해당없음
										정산방법
										1. 내부정산
										  (기관 내부적으로 정산)
										2. 외부정산
										  (외부전문기관위탁 정산)
										3. 내·외부 모두 선정
										4. 정산 無
										5. 해당없음	

521	남양주도시공사	승강기점검		1,440	1	4	1	3	1	1	1
522	남양주도시공사	청소용역		100,222	3	4	1	3	1	1	1
523	남양주도시공사	승강기점검		1,980	1	4	1	3	1	1	1
524	남양주도시공사	무인경비시스템		1,980	3	4	1	3	1	1	1
525	남양주도시공사	방역소독		2,400	1	4	1	3	1	1	1
526	남양주도시공사	무인경비시스템		3,360	3	4	1	3	1	1	1
527	남양주도시공사	방역소독		3,840	1	4	1	3	1	1	1
528	남양주도시공사	승강기점검		3,120	1	4	1	3	1	1	1
529	남양주도시공사	승강기점검		1,484	1	4	1	3	1	1	1
530	남양주도시공사	전기안전관리대행		1,680	1	4	1	3	1	1	1
531	남양주도시공사	무인경비시스템		2,640	3	4	1	3	1	1	1
532	남양주도시공사	방역소독		4,200	1	4	1	3	1	1	1
533	남양주도시공사	무인경비시스템		3,960	3	4	1	3	1	1	1
534	남양주도시공사	방역소독		3,120	1	4	1	3	1	1	1
535	남양주도시공사	장애인리프트		1,440	3	4	1	3	1	1	1
536	남양주도시공사	무인경비시스템		1,680	3	4	1	3	1	1	1
537	남양주도시공사	무인경비시스템		1,557	3	4	1	3	1	1	1
538	남양주도시공사	승강기점검		1,504	1	4	1	3	1	1	1
539	남양주도시공사	방역소독		2,040	3	4	1	3	1	1	1
540	남양주도시공사	승강기점검		1,716	3	4	1	3	1	1	1
541	남양주도시공사	무인경비시스템		600	3	4	1	3	1	1	1
542	남양주도시공사	무인경비시스템		1,354	3	4	1	3	1	1	1
543	남양주도시공사	방역소독대행료		3,240	1	4	1	3	1	1	1
544	남양주도시공사	승강기점검대행료		1,861	3	4	1	3	1	1	1
545	남양주도시공사	무인경비시스템		2,720	3	4	1	3	1	1	1
546	남양주도시공사	방역소독		2,958	1	4	1	3	1	1	1
547	남양주도시공사	승강기점검		1,360	1	4	1	3	1	1	1
548	남양주도시공사	전기안전관리대행		7,920	1	4	1	3	1	1	1
549	남양주도시공사	무인경비시스템		3,000	3	4	1	3	1	1	1

순번	기관명	지출명 (사업명)	2022년 예산 (단위:천원/1년간)	민간위탁 근거 (1.법률에 규정 2.국고보조 재원(국가지정) 3.공공기관 필요에 따른 내부 결정사항 4.조례 등 지자체에서 명시 5.공공기관 내부규정 준수 6.국가 정책 및 재정사항 7.기타 8.해당없음)	입찰방식 계약체결방법 (경쟁형태) (1.일반경쟁 2.제한경쟁 3.지명경쟁 4.수의계약 5.법정위탁 6.기타() 7.해당없음)	계약기간 (1.1년 2.2년 3.3년 4.4년 5.5년 6.기타()년 7.해당없음)	낙찰자선정방법 (1.적격심사 2.협상에의한계약 3.최저가낙찰제 4.규격가격분리 5.2단계 경쟁입찰 6.기타() 7.해당없음)	운영예산 산정 운영예산 산정 (1.내부산정 (기관 자체적으로 산정) 2.외부산정 (외부전문기관위탁 산정) 3.내·외부 모두 산정 4.산정 無 5.해당없음)	정산방법 (1.내부정산 (기관 내부적으로 정산) 2.외부정산 (외부전문기관위탁 정산) 3.내·외부 모두 정산 4.정산 無 5.해당없음)	성과평가 실시여부 (1.실시 2.미실시 3.향후 추진 4.해당없음)
550	남양주도시공사	방역소독	3,000	1	4	1	3	1	1	1
551	남양주도시공사	승강기점검	1,584	1	4	1	3	1	1	1
552	남양주도시공사	개발사업본부 무인경비 및 근태관리 시스템	1,584	7	4	1	7	1	1	4
553	농림식품기술기획평가원	정보시스템 통합운영 및 정보자원 유지관리 사업	946,000	3	4	2	2	1	1	1
554	대구경북과학기술원	산업재산권(특허권,실용신안권,디자인권,상표권) 연차료 납부관리와 갱신관리에 관한	6,353	3	4	3	6	1	1	4
555	대구경북과학기술원	2021년 업무용 차량(렌트카) 임차 용역	67,586	3	2	3	1	1	1	4
556	대구경북과학기술원	DGIST 통근 및 셔틀버스 위탁운행 용역	582,029	3	2	2	5	1	1	4
557	대구경북과학기술원	자기이력곡선 측정시스템 임대 용역	48,074	3	1	2	6	1	1	4
558	대구경북과학기술원	DGIST 통근 및 셔틀버스 관제시스템 설치 및 운영 용역	4,752	3	4	3	6	1	1	4
559	대구경북과학기술원	차지기 (Magnetizer) 임대 용역	14,361	3	4	2	1	1	1	4
560	대구경북과학기술원	DGIST 기관장 차량 임차계약	23,760	3	2	3	2	1	1	4
561	대구경북과학기술원	실험동물(마우스/미생물검사 용역	119,983	3	2	2	2	1	1	4
562	대구경북과학기술원	DGIST 정보시스템 통합유지관리 용역	184,512	3	2	2	2	1	1	4
563	대구경북과학기술원	DGIST 통합정보시스템 및 포털 유지관리 용역	592,625	3	2	2	2	1	1	4
564	대구경북첨단의료산업진흥재단	2022년 안전관리 컨설팅 용역	21,120	1	4	1	7	1	1	4
565	대구경북첨단의료산업진흥재단	2022년 특수건강진단 위탁용역	19,600	1	4	1	7	1	1	4
566	대구경북첨단의료산업진흥재단	2022년 보건관리업무 위탁용역	19,800	1	4	1	7	1	1	4
567	대구경북첨단의료산업진흥재단	전화교환기 유지보수 용역	13,917	7	4	1	7	1	1	4
568	대구경북첨단의료산업진흥재단	출입통제설비 유지보수 용역	20,400	7	4	1	7	1	1	4
569	대구경북첨단의료산업진흥재단	2022년 온라인 안전보건교육 위탁 용역	9,635	1	4	1	7	1	1	4
570	대구경북첨단의료산업진흥재단	2022년 자회사 용역	2,816,819	7	4	1	7	1	1	4
571	대구도시철도공사	직장어린이집 위탁운영	264,000	1	6	2	1	3	5	4
572	대구도시철도공사	2022년 청소,경비,운전 용역	22,400	7	4	1	7	1	1	4
573	대전도시공사	전산/정보 유지관리	445,273	7	2	3	2	1	4	4
574	대전도시공사	2022년 공동주택관리업무	15,600	7	4	1	6	1	4	1
575	대전도시공사	유성 시외버스정류소 위탁관리	83,930	7	2	4	1	1	1	2
576	대한체육회	태릉선수촌 종합시설관리용역	2,058,043	3	2	2	2	3	3	4
577	대한체육회	국제스케이트장 등 관리용역	327,808	3	2	2	2	3	3	4
578	대한체육회	ICT인프라 통합유지보수	414,185	2	2	3	2	1	3	4

순번	기관명	지출명(사업명)	2022년 예산 (단위:천원/1년간)	민간위탁 근거 (1.법률에 규정 2.국고보조 재원(국가지정) 3.공공기관 필요에 따른 내부 결정사항 4.조례 등 지자체에서 명시 5.공공기관 내부규정 존재 6.국가 정책 및 재정사항 7.기타 8.해당없음)	계약체결방법(경쟁형태) (1.일반경쟁 2.제한경쟁 3.지명경쟁 4.수의계약 5.불공의 6.기타() 7.해당없음)	계약기간 (1.1년 2.2년 3.3년 4.4년 5.5년 6.기타()년 7.해당없음)	낙찰자선정방법 (1.적격심사 2.협상에의한계약 3.최저가낙찰제 4.규격가격분리 5.2단계 경쟁입찰 6.기타() 7.해당없음)	운영예산 선정 (1.내부선정(기관 자체적으로 선정) 2.외부선정(외부전문기관에 선정) 3.내·외부 모두 선정 4.선정無 5.해당없음)	정산방법 (1.내부정산(기관 내부적으로 정산) 2.외부정산(외부전문기관에 정산) 3.내·외부 모두 선정 4.정산無 5.해당없음)	성과평가 실시여부 (1.실시 2.미실시 3.향후 추진 4.해당없음)
579	대한체육회	2022 대한체육회 정보시스템 통합유지관리	1,511,400	2	4	1	2	1	3	4
580	대한체육회	체육회관 종합부동산전산관리용역	745,972	5	4	2	2	1	1	4
581	도로교통공단	직장어린이집 위탁 용역	10,800	7	2	3	2	2	1	3
582	도로교통공단	21~22년 도로교통공단 정보시스템 유지보수	2,468,645	3	2	2	2	2	1	3
583	도로교통공단	21~22년 도로교통공단 SNS운영 용역	110,000	3	2	2	2	2	1	3
584	도로교통공단	정보통신회선 사업자 선정	831,380	3	1	5	3	2	1	3
585	도로교통공단	회계연도(2020년~2022년) 외부 회계감사 위탁	38,000	3	2	3	2	2	1	3
586	도로교통공단	TBN전국네트워크 방송송출회선 사업자선정	225,396	3	1	5	2	2	1	3
587	도로교통공단	21~22년 도로교통공단 이러닝센터 CDN(네트워크분산처리)서비스 위탁용역	34,372	3	2	2	2	2	1	3
588	독립기념관	주차장위탁운영	227,363	3	4	3	7	1	1	4
589	독립기념관	캠핑장위탁운영	80,100	3	4	1	7	1	1	4
590	부산지예경제자유구역청	청사 청소 용역비	71,338	5	4	1	6	1	1	2
591	부산관광공사	시설물관리운영위탁	1,000,000	3	2	1	1	2	1	4
592	부산관광공사	태종대유원지 광장 전광판 유지보수	6,600	3	4	1	7	1	1	4
593	부산관광공사	태종대유원지 오수처리시설 관리	5,280	3	4	1	7	1	1	4
594	부산관광공사	태종대유원지 주차관제장비 유지보수	18,150	3	4	1	7	1	1	4
595	부산관광공사	부산시티투어 홈페이지 유지보수	115,769	3	2	1	3	2	1	4
596	부산관광공사	2022년 용호만유람선터미널 소방안전점검 유지보수	1,584	3	4	1	7	1	1	4
597	부산관광공사	2022년 용호만유람선터미널 조경 유지보수	8,250	3	4	1	7	1	1	4
598	부산관광공사	2022년 용호만유람선터미널 승강기 안전점검 및 유지보수	8,276	3	4	1	7	1	1	4
599	부산관광공사	2022년 용호만유람선터미널 청소 용역	3,960	3	4	1	7	1	1	4
600	부산관광공사	2022년 사업장(태종대, 용두산, 용호만) 소방안전점검 유지보수	6,840	3	4	1	7	1	1	4
601	부산관광공사	2022년 사업장(태종대, 용두산, 용호만) 무인경비시스템 유지보수	11,088	3	4	1	7	1	1	4
602	부산관광공사	2022년 사업장(태종대, 용두산, 용호만) 소독 방역 및 저수조 청소	8,962	3	4	1	7	1	1	4
603	부산관광공사	2022년 사업장(태종대, 용두산, 용호만) 전기점검 및 유지보수	10,994	3	4	1	7	1	1	4
604	부산관광공사	2022년 용두산 승강기 안전점검 및 유지보수	1,848	3	4	1	7	1	1	4
605	부산교통공사	역무중앙안전시스템 유지관리 용역	125,022	7	2	3	1	1	1	1
606	부산교통공사	역무자동통제시스템 유지관리 용역	134,063	7	2	2	7	1	1	1
607	부산교통공사	역사 무인전자경비 용역	171,324	7	2	3	1	1	1	1

순번	기관명	지출명(사업명)	2022년 예산 (단위:천원/1년간)	민간위탁 근거	계약체결방법 (경쟁형태)	계약기간	낙찰자선정방법	운영예산 산정	정산방법	성과평가 실시여부
				1. 법률에 규정 2. 국고보조재원(국가지정) 3. 공공기관 필요에 따른 내부 결정사항 4. 조례 등 지자체에서 명시 5. 공공기관 내부규정 존재 6. 국가 정책 및 재정사항 7. 기타 8. 해당없음	1. 일반경쟁 2. 제한경쟁 3. 지명경쟁 4. 수의계약 5. 별정위탁 6. 기타 ( ) 7. 해당없음	1. 1년 2. 2년 3. 3년 4. 4년 5. 5년 6. 기타 ( )년 7. 해당없음	1. 적격심사 2. 협상에의한계약 3. 최저가낙찰제 4. 규격가격분리 5. 2단계 경쟁입찰 6. 기타 ( ) 7. 해당없음	1. 내부산정 (기관 자체적으로 산정) 2. 외부산정 (외부전문기관위탁 산정) 3. 내·외부 모두 산정 4. 산정 無 5. 해당없음	1. 내부정산 (기관 내부적으로 정산) 2. 외부정산 (외부전문기관위탁 정산) 3. 내·외부 모두 산정 4. 정산 無 5. 해당없음	1. 실시 2. 미실시 3. 향후 추진 4. 해당없음
608	부산교통공사	전구류 세탁용역	190,522	7	2	2	1	1	1	1
609	부산교통공사	4호선 안평차량사업소 특수경비용역	493,640	3	2	1	1	1	1	4
610	부산교통공사	1,2호선 전동차 242량 최초 정밀안전진단 및 재평가 용역	523,351	1	1	6	1	1	1	4
611	부산교통공사	1,2호선 전동차 320칸 최초 정밀안전진단 및 재평가 용역	29,796	1	1	5	1	1	1	4
612	부산교통공사	1호선 노후 전동차 84칸 재정밀안전진단 용역	247,787	1	1	4	1	1	1	4
613	부산교통공사	1~3호선 열차운행제어컴퓨터 위탁정비	174,600	7	7	7	7	7	7	4
614	부산교통공사	정보자원시스템 통합유지관리 용역	1,332,917	3	1	3	2	1	1	2
615	부산교통공사	전구류 세탁용역	212,817	7	7	7	7	7	7	4
616	부산교통공사	공용차량 보험가입 용역	20,000	5	4	1	7	3	1	2
617	부산교통공사	본사 업무용차량 임차용역	10,295	5	6	3	6	1	1	2
618	부산교통공사	축구단 수송버스 임차용역	71,124	3	2	2	1	1	1	2
619	부산교통공사	매입임대주택 위탁관리용역	54,960	3	2	2	1	1	1	4
620	부산도시공사	덕천2지구 영구임대아파트 위탁관리용역	4,320	5	1	2	3	5	5	1
621	부산도시공사	반송지구 영구임대아파트 위탁관리용역	9,725	5	1	2	3	5	5	1
622	부산도시공사	남부민주공해트 위탁관리용역	10,677	3	1	2	3	5	5	1
623	부산도시공사	동래행복주택위탁관리용역	2,898	5	1	2	3	5	5	1
624	부산도시공사	구포도시아파트 위탁관리용역	952	5	1	2	3	5	5	1
625	부산도시공사	정림에이스밀 위탁관리용역	1,348	5	1	2	3	5	5	1
626	부산항만공사	부산항 항만시설 관리운영 위수탁사업	20,654,861	1	4	5	7	1	1	4
627	부산항만공사	부산항 신항 항만시설 관리 및 운영 위수탁	10,665,274	1	4	1	2	1	3	1
628	부산항만공사	정보시스템 통합유지관리 용역	3,041,330	7	1	1	2	1	3	3
629	부여군시설관리공단	부여군시설관리공단 산업안전관리	6,819	1	4	1	7	5	5	4
630	부여군시설관리공단	부여군시설관리공단 보건안전관리	6,494	7	4	1	7	5	5	4
631	부여군시설관리공단	정림사지박물관 전기시설 안전관리	3,564	7	4	1	7	5	5	4
632	부여군시설관리공단	정림사지박물관 소방시설 안전관리	1,320	7	4	1	7	5	5	4
633	부여군시설관리공단	정림사지박물관 경비시스템 유지관리(박물관)	1,584	7	4	1	7	5	5	4
634	부여군시설관리공단	정림사지박물관 경비시스템 유지관리(CCTV)	2,400	7	4	1	7	5	5	4
635	부여군시설관리공단	정림사지박물관 경비시스템 유지관리(창고)	924	7	4	1	7	5	5	4
636	부여군시설관리공단	정림사지박물관 방제 안전관리	1,800	1	4	1	7	5	5	4

순번	기관명	지출명 (사업명)	2022년 예산 (단위:천원/1년간)	민간위탁 근거 1. 법률에 규정 2. 국고보조 재원(국가지정) 3. 공공기관 필요에 따른 4. 조례 등 지자체에서 명시 5. 공공기관 내부규정 존재 6. 국가 정책 및 재정사항 7. 기타 8. 해당없음	계약체결방법 (경쟁형태) 1. 일반경쟁 2. 제한경쟁 3. 지명경쟁 4. 수의계약 5. 법정위탁 6. 기타 ( ) 7. 해당없음	계약기간 1. 1년 2. 2년 3. 3년 4. 4년 5. 5년 6. 기타 ( )년 7. 해당없음	낙찰자선정방법 1. 적격심사 2. 협상에의한계약 3. 최저가낙찰제 4. 규격가격분리 5. 2단계 경쟁입찰 6. 기타 ( ) 7. 해당없음	운영예산 산정 1. 내부산정 (기관 자체적으로 산정) 2. 외부산정 (외부전문기관위탁 산정) 3. 내외부 모두 산정 4. 산정無 5. 해당없음	정산방법 1. 내부정산 (기관 내부적으로 정산) 2. 외부정산 (외부전문기관위탁 정산) 3. 내외부 모두 산정 4. 정산無 5. 해당없음	성과평가 실시여부 1. 실시 2. 미실시 3. 향후 추진 4. 해당없음
637	부여군시설관리공단	여흥민씨고택 경비시스템 유지관리	1,320	7	4	1	7	5	5	4
638	부여군시설관리공단	사적지임장료 경비시스템 유지관리(서문매표소)	792	7	4	1	7	5	5	4
639	부여군시설관리공단	사적지임장료 경비시스템 유지관리(서적관리)	792	7	4	1	7	5	5	4
640	부여군시설관리공단	사적지임장료 경비시스템 유지관리(부여홍릉원)	924	7	4	1	7	5	5	4
641	부여군시설관리공단	종합운동장 전기시설 안전관리	18,057	7	4	1	7	5	5	4
642	부여군시설관리공단	종합운동장 소방시설 안전관리	1,716	7	4	1	7	5	5	4
643	부여군시설관리공단	종합운동장 경비시스템 유지관리	2,640	7	4	1	7	5	5	4
644	부여군시설관리공단	종합운동장 오수처리시설 유지관리	4,752	7	4	1	7	5	5	4
645	부여군시설관리공단	종합운동장 승강기 유지관리	1,584	7	4	1	7	5	5	4
646	부여군시설관리공단	국민체육센터 경비시스템 유지관리	2,640	7	4	1	7	5	5	4
647	부여군시설관리공단	국민체육센터 소방시설 안전관리	1,584	7	4	1	7	5	5	4
648	부여군시설관리공단	국민체육센터 승강기 유지관리	1,320	7	4	1	7	5	5	4
649	부여군시설관리공단	민수산휴양림 오수처리시설 유지관리	5,940	7	4	1	7	5	5	4
650	부여군시설관리공단	생활체육공원 전기시설 안전관리	1,611	7	4	1	7	5	5	4
651	부여군시설관리공단	군민체육관 전기시설 안전관리	1,611	7	4	1	7	5	5	4
652	부여군시설관리공단	군민체육관 소방시설 안전관리	1,188	7	4	1	7	5	5	4
653	부여군시설관리공단	군민체육관 경비시스템 유지관리	1,716	7	4	1	7	5	5	4
654	부여군시설관리공단	군민체육관 승강기 유지관리	2,600	7	4	1	7	5	5	4
655	부여군시설관리공단	청소년수련원 전기시설 안전관리	13,676	7	4	1	7	5	5	4
656	부여군시설관리공단	청소년수련원 소방시설 안전관리	1,848	7	4	1	7	5	5	4
657	부여군시설관리공단	청소년수련원 승강기 유지관리	1,320	7	4	1	7	5	5	4
658	부여군시설관리공단	서동요테마 경비시스템 유지관리	3,036	7	4	1	7	5	5	4
659	부여군시설관리공단	유스호스텔 소방시설 안전관리	792	7	4	1	7	5	5	4
660	부여군시설관리공단	유스호스텔 경비시스템 유지관리	1,650	7	4	1	7	5	5	4
661	부여군시설관리공단	유스호스텔 경비시스템 유지관리	3,732	7	4	1	7	5	5	4
662	부여군시설관리공단	유스호스텔 경비시스템 유지관리(체육관)	1,630	7	4	1	7	5	5	4
663	부여도시공사	위탁관리비	279,288	4	7	2	7	2	1	2
664	부여선양회진흥	홈페이지 유지관리비	18,000	3	4	1	7	1	1	1
665	부여선양회진흥	홈페이지 맞춤형 일정정보 서비스 용역	18,000	3	4	1	7	1	1	4

순번	기관명	지출명(사업명)	2022년 예산 (단위:천원/1년간)	민간위탁 근거	계약체결방법 (경쟁형태)	계약기간	낙찰자선정방법	운영예산 산정	정산방법	성과평가 실시여부
666	서울주택도시공사	콜센터 위탁운영 용역	2,613,144	3	2	2	2	1	1	1
667	서울주택도시공사	정보화시스템 통합유지관리 및 위탁운영 용역	5,384,309	3	4	1	2	3	1	1
668	서울주택도시공사	시설민원센터 인력운영 위탁용역	381,862	3	2	2	2	1	1	4
669	노원구시설관리공단	승공기인전관리대행	12,355	3	4	1	2	1	1	3
670	노원구시설관리공단	소방설비안전관리대행	12,724	3	4	1	2	1	1	3
671	서울시농수산식품공사	21년 가락시장 주차 정산 및 주차관제 유도기기 관리 용역	5,862,600	7	4	1	7	1	1	1
672	서울시농수산식품공사	21년 강서시장 주차 정산 및 주차관제 유도기기 관리 용역	1,066,200	7	4	1	7	1	1	1
673	서울시농수산식품공사	21년 가락시장 교통, 질서 용역	3,387,200	7	4	1	7	1	1	1
674	서울시농수산식품공사	21년 강서시장 질서, 환경 도로관리 용역	188,200	7	4	1	7	1	1	1
675	서울시농수산식품공사	21년 가락시장 청소 용역	3,540,200	7	4	1	7	1	1	1
676	서울시농수산식품공사	21년 강서시장 청소 용역	627,900	7	4	1	7	1	1	1
677	서울시농수산식품공사	21년 가락시장 시설관리 용역	4,574,400	7	4	1	7	1	1	1
678	서울시농수산식품공사	21년 강서시장 시설관리 용역	1,439,300	7	4	1	7	1	1	1
679	서울시농수산식품공사	21년 가락시장 운전, 수위 취사보조 용역	623,200	7	4	1	7	1	1	1
680	서울시농수산식품공사	21년 강서시장 수위, 취사보조 용역	168,800	7	4	1	7	1	1	1
681	서울시농수산식품공사	21년 친환경유통센터 수위 용역	40,500	7	4	1	7	1	1	1
682	서울시농수산식품공사	21년 가락시장 환경시설관리 용역	273,600	7	4	1	7	1	1	1
683	서울시농수산식품공사	21년 양곡시장 시설관리 용역	752,300	7	4	1	7	1	1	1
684	서울시농수산식품공사	전자상거래운영위탁관리 용역	56,442	7	2	3	7	1	1	1
685	서울시농수산식품공사	도서관위탁관리	289,080	3	4	5	7	1	1	1
686	서울시농수산식품공사	작장어린이집위탁관리	397,320	7	7	5	7	1	1	1
687	성동구도시관리공단	독도시장 공영주차장 위·수탁 운영	18,700	1	4	1	6	1	1	4
688	세종도시교통공단	특별교통수단 운영사무실 보안시설 용역	2,152	3	4	1	6	1	1	4
689	세종도시교통공단	대평CNG충전소 충전설비 유지보수 용역	20,000	3	4	1	6	1	1	4
690	세종도시교통공단	2022년 특별교통수단 운행차량 세차용역	50,000	3	4	1	3	1	1	4
691	세종도시교통공단	2022년 세종도시교통공사 야간경비 용역	82,360	3	4	1	3	1	1	4
692	세종도시교통공단	대평CNG충전소 전기안전관리 대행	6,000	3	4	1	6	1	1	4
693	세종도시교통공단	2022년 기반시설 전기설비 안전점검 용역	9,130	3	4	1	6	1	1	4
694	세종도시교통공단	2022년 기반시설 소방시설 유지관리 용역	7,766	3	4	1	6	1	1	4

순번	기관명	지출명 (사업명)	2022년 예산 (단위:천원/1년간)	민간위탁 근거	계약체결방법 (경쟁형태)	계약기간	낙찰자선정방법	운영예산 산정	정산방법	성과평가 실시여부
				1. 법률에 규정 2. 국고보조재원(국가지정) 3. 공공기관 필요에 따른 내부 결정사항 4. 조례 등 지자체에서 명시 5. 공공기관 내부규정 존재 6. 국가 정책 및 재정사항 7. 기타 8. 해당없음	1. 일반경쟁 2. 제한경쟁 3. 지명경쟁 4. 수의계약 5. 병정위탁 6. 기타 ( ) 7. 해당없음	1. 1년 2. 2년 3. 3년 4. 4년 5. 5년 6. 기타 ( )년 7. 해당없음	1. 적격심사 2. 협상에의한계약 3. 최저가낙찰제 4. 규격가격분리 5. 2단계 경쟁입찰 6. 기타 ( ) 7. 해당없음	1. 내부산정 (기관 자체적으로 산정) 2. 외부산정 (외부전문기관위탁 산정) 3. 내·외부 모두 산정 4. 산정 無 5. 해당없음	1. 내부정산 (기관 내부적으로 정산) 2. 외부정산 (외부전문기관위탁 정산) 3. 내·외부 모두 산정 4. 정산 無 5. 해당없음	1. 실시 2. 미실시 3. 향후 추진 4. 해당없음
695	세종도시교통공사	2022년도 특별교통수단 운행차량 방역 용역	30,888	3	4	1	6	1	1	4
696	세종도시교통공사	2022년도 특별교통수단 운행차량 경정비 용역	46,800	3	4	1	6	1	1	4
697	세종도시교통공사	2022년 조치원 운영차원 조식제공 용역	61,320	3	4	1	6	1	1	4
698	세종도시교통공사	2022년 조치원버스터미널 청소 용역	33,600	3	4	1	6	1	1	4
699	세종도시교통공사	2022년 버스 법정 소독	21,360	1	4	1	6	1	1	4
700	세종도시교통공사	2022년 버스내부청소 용역	254,820	3	2	1	1	1	1	4
701	세종도시교통공사	2022년 세종시 공영자전거 어울링 운영시스템 유지보수 용역	128,850	3	4	1	2	1	1	4
702	세종도시교통공사	2022년 홈페이지 유지보수	9,000	3	4	1	6	1	1	4
703	세종도시교통공사	2022년 대평동 승무사원 운반급식 용역	372,752	3	4	1	2	1	1	4
704	세종도시교통공사	2022년 공사 SNS 운영관리 용역	13,200	3	4	1	6	1	1	4
705	세종도시교통공사	2022년 첨단BRT차고지 및 대평동 구자고지 청소용역	42,190	3	4	1	6	1	1	4
706	세종도시교통공사	2022년 어울링 본인인증 서비스	5,500	3	4	1	6	1	1	4
707	세종도시교통공사	조치원버스터미널 무인발권기 설치 용역	3,353	3	4	5	6	1	1	4
708	세종도시교통공사	2022년 G20 유지보수 용역	4,426	3	4	1	6	1	1	4
709	안양도시공사	백엽시스템 유지보수	2,820	5	4	1	7	1	1	2
710	안양도시공사	공사사무실 무인경비 유지보수	1,800	5	4	1	7	1	1	2
711	안양도시공사	노무관리 자문용역	2,640	5	4	1	7	1	1	2
712	안양도시공사	구내식당 음식물 쓰레기 수거 및 처리	2,640	5	4	1	7	1	1	2
713	안양도시공사	홈페이지 기보드호스팅 유지보수	2,017	5	4	1	7	1	1	2
714	안양도시공사	개인정보호솔루션 유지보수	6,679	5	4	1	7	1	1	2
715	안양도시공사	서버보안 프로그램 유지보수	1,148	5	4	1	7	1	1	2
716	안양도시공사	2022년 전자문서 및 복무관리시스템 유지보수	16,970	5	4	1	7	1	1	2
717	안양도시공사	홈페이지 시스템 유지보수	20,300	5	4	1	7	1	1	2
718	안양도시공사	급여관리 프로그램 유지보수	4,200	5	4	1	7	1	1	2
719	안양도시공사	홈페이지 서버(Web,Was,DB) 및 식스감면 서비 유지보수	2,808	5	4	1	7	1	1	2
720	안양도시공사	도시공사 사무실 무인경비 유지보수	1,320	5	4	1	7	1	1	2
721	안양도시공사	지하차도 전기설비 전기안전관리 연간계약	3,124	5	4	1	7	1	1	2
722	안양도시공사	가로등 관제시스템 유지보수	5,775	5	4	1	7	1	1	2
723	안양도시공사	중앙지하도 상가 방역소독	1,440	5	4	1	7	1	1	2

순번	기관명	지출명(사업명)	2022년 예산 (단위:천원/1년간)	민간위탁 근거	계약체결방법 (경쟁형태)	계약기간	낙찰자선정방법	운영예산 산정	정산방법	성과평가 실시여부
724	안양도시공사	종합체육관 보관창고 무인경비 유지보수	5,400	5	4	1	7	1	1	2
725	안양도시공사	중앙지하상가 휠체어리프트 및 에스컬레이터 유지보수	4,416	5	4	1	7	1	1	2
726	안양도시공사	교통약자이동지원센터 관제시스템 유지보수	16,572	5	4	1	7	1	1	2
727	안양도시공사	석수동 버스공영차고지 방역소독	2,220	5	4	1	7	1	1	2
728	안양도시공사	견인보관소 무인경비 유지보수	1,584	5	4	1	7	1	1	2
729	안양도시공사	석수동 버스공영차고지 세차기 유지보수	3,300	5	4	1	7	1	1	2
730	안양도시공사	교통약자이동지원센터 백업소프트웨어 및 백업서버 유지보수	2,424	5	4	1	7	1	1	2
731	안양도시공사	공영주차장 16개소 주차관제시설 유지보수	17,268	5	4	1	7	1	1	2
732	안양도시공사	공영주차장(6개소) 전기안전관리 대행	12,600	5	4	1	7	1	1	2
733	안양도시공사	종합공영주차장 소방시설 법정안전관리 업무대행	11,600	5	4	1	7	1	1	2
734	안양도시공사	공영주차장 소방시설 법정점검 용역	14,200	5	4	1	7	1	1	2
735	안양도시공사	지하주차장 승강기 유지보수	24,100	5	4	1	7	1	1	2
736	안양도시공사	주차관리시스템 서버(백업장비 및 S/W 포함) 유지보수	11,800	5	4	1	7	1	1	2
737	안양도시공사	평촌지하주차장 주차관제시설 유지보수	14,082	5	4	1	7	1	1	2
738	안양도시공사	관양1동 노외 등 4개소 전기안전관리 대행 용역	8,400	5	4	1	7	1	1	2
739	안양도시공사	관양1동 노외주차장 주차관제시설 유지보수	7,308	5	4	1	7	1	1	2
740	안양도시공사	스마트폰 주차관리시스템 유지보수	13,980	5	4	1	7	1	1	2
741	안양도시공사	관양2동 노외주차장 전기차충전기 운영관리 용역	9,000	5	4	1	7	1	1	2
742	안양도시공사	2022년 공영주차장 화재감시 무인경비 용역	14,040	5	4	1	7	1	1	2
743	안양도시공사	시설물종합관리시스템 유지관리 용역	22,000	5	4	1	7	1	1	2
744	안양도시공사	2022년 공사 전자교환기 연간 유지보수	3,600	5	4	1	7	1	1	2
745	안양도시공사	체육시설 회원관리 프로그램 권리용서버 유지보수	867	5	4	1	7	1	1	2
746	안양도시공사	공사 네트워크설비 유지보수	5,849	5	4	1	7	1	1	2
747	안양도시공사	공사 방화벽장비 유지보수 용역	4,894	5	4	1	7	1	1	2
748	안양도시공사	종합운동장 승강기 유지보수	12,516	5	4	1	7	1	1	2
749	안양도시공사	종합운동장 방역소독	5,400	5	4	1	7	1	1	2
750	안양도시공사	실내수영장 무인경비 용역	1,980	5	4	1	7	1	1	2
751	안양도시공사	수영장 엄플케이트 유지보수 용역	3,072	5	4	1	7	1	1	2
752	안양도시공사	비산체육관 무인경비 유지보수	1,200	5	4	1	7	1	1	2

순번	기관명	지출명 (사업명)	2022년 예산 (단위:천원/1년간)	민간위탁 근거 1.법률에 규정 2.국고보조 재원(국가지정) 3.공공기관 필요에 의한 4.조례 등 지자체에서 명시 5.공공기관 내부규정 존재 6.국가 정책 및 재정사항 7.기타 8.해당없음	계약체결방법 (경쟁형태) 1.일반경쟁 2.제한경쟁 3.지명경쟁 4.수의계약 5.법정위탁 6.기타() 7.해당없음	계약기간 1.1년 2.2년 3.3년 4.4년 5.5년 6.기타()년 7.해당없음	낙찰자선정방법 1.적격심사 2.협상에의한계약 3.최저가낙찰제 4.규모가준 5.2단계 경쟁입찰 6.기타() 7.해당없음	운영예산 산정 1.내부산정(기관 자체적으로 산정) 2.외부산정(외부전문기관에 산정) 3.내외부 모두 산정 4.산정無 5.해당없음	정산방법 1.내부정산(기관 내부적으로 정산) 2.외부정산(외부전문기관에 정산) 3.내외부 모두 산정 4.정산無 5.해당없음	성과평가 실시여부 1.실시 2.미실시 3.향후 추진 4.해당없음
753	안양도시공사	비산체육공원 주차관리시스템 유지보수 용역	3,300	5	4	1	7	1	1	2
754	안양도시공사	호계체육청소 승강기(휠체어리프트) 유지보수	1,464	5	4	1	7	1	1	2
755	안양도시공사	호계체육관 방역소독	2,600	5	4	1	7	1	1	2
756	안양도시공사	호계체육관 무인경비 유지보수	1,440	5	4	1	7	1	1	2
757	안양도시공사	호계체육관 승강기 유지보수	5,346	5	4	1	7	1	1	2
758	안양도시공사	호계체육관 제주차장 전기자충전기 유지보수 용역	1,716	5	4	1	7	1	1	2
759	안양도시공사	호계복합청사 무인경비 유지보수	1,200	5	4	1	7	1	1	2
760	안양도시공사	석수체육공원 무인경비 유지보수	1,452	5	4	1	7	1	1	2
761	안양도시공사	서초체육시설 전기안전관리 대행	1,320	5	4	1	7	1	1	2
762	안양도시공사	박달복합청사 방역소독 용역	2,760	5	4	1	7	1	1	2
763	안양도시공사	새물공원 무인경비 용역	1,560	5	4	1	7	1	1	2
764	안양도시공사	서초체육시설 무인경비 용역	1,560	5	4	1	7	1	1	2
765	안양도시공사	농수산물도매시장 직판상가 전기안전관리 대행 용역	1,800	5	4	1	7	1	1	2
766	안양도시공사	농수산물직판상가 화재무인경비 용역	1,800	5	4	1	7	1	1	2
767	안양도시공사	농수산물도매시장 직판상가 소방안전관리 대행 용역	1,800	5	4	1	7	1	1	2
768	양산시시설관리공단	무인경비시스템 관리용역	32,504	3	4	2	3	1	5	2
769	예금보험공사	직장어린이집 운영	393,804	1	2	1	2	3	3	4
770	예술의전당	전산시스템 통합유지보수 용역	132,000	3	1	3	2	2	1	1
771	예술의전당	전산실 ups 유지보수용역	4,200	3	4	7	7	2	1	1
772	예술의전당	회원강좌대관 유지보수용역	89,200	3	4	7	7	2	1	1
773	예술의전당	경영정보시스템 유지보수	86,800	3	4	7	3	1	1	1
774	예술의전당	조경관리용역	190,000	3	2	3	3	2	1	1
775	예술의전당	교환기 유지보수 용역	10,000	3	4	1	7	1	1	1
776	예술의전당	승강기관리 용역	127,000	3	2	3	3	1	1	1
777	예술의전당	항온항습기 유지보수 용역	28,000	3	2	3	3	1	1	1
778	예술의전당	소방안전관리 업무대행	41,500	3	2	3	3	1	1	1
779	예술의전당	기계경비	22,700	3	4	1	7	1	1	1
780	오송첨단의료산업진흥재단	2022년 정보시스템 통합유지관리 사업	471,000	2	1	1	2	2	1	2
781	오송첨단의료산업진흥재단	2022년 바이오인력양성 홈페이지 유지관리 사업	14,176	2	4	1	7	4	1	4

-27-

순번	기관명	지출명 (사업명)	2022년 예산 (단위:천원/1년간)	민간위탁 근거 1. 법률에 규정 2. 국고보조 재원(국가지정) 3. 공공기관 필요에 따른 내부 결정사항 4. 조례 등 지자체에서 명시 5. 공공기관 내부규정 존재 6. 국가 정책 및 재정사항 7. 기타 8. 해당없음	입찰방식 계약체결방법 (경쟁형태) 1. 일반경쟁 2. 제한경쟁 3. 지명경쟁 4. 수의계약 5. 복합계약 6. 기타( ) 7. 해당없음	계약기간 1. 1년 2. 2년 3. 3년 4. 4년 5. 5년 6. 기타( )년 7. 해당없음	낙찰자선정방법 1. 적격심사 2. 협상에의한계약 3. 최저가낙찰 4. 규격가관리 5. 2단계 경쟁입찰 6. 기타 7. 해당없음	운영예산 산정 1. 내부산정 (기관 자체적으로 산정) 2. 외부산정 (외부전문기관위탁 산정) 3. 내외부 모두 산정 4. 산정 無 5. 해당없음	정산방법 1. 내부정산 (기관 내부적으로 정산) 2. 외부정산 (외부전문기관위탁 정산) 3. 내외부 모두 정산 4. 정산 無 5. 해당없음	성과평가 실시여부 1. 실시 2. 미실시 3. 향후 추진 4. 해당없음
782	오송첨단의료산업진흥재단	2022년 통합정보시스템 고도화사업	450,000	2	7	7	7	7	7	4
783	오송첨단의료산업진흥재단	2022년 재단 및 CV센터 시설관리용역	3,152,397	2	3	1	2	1	1	2
784	용산구시설관리공단	한강로2가동 공영주차장 운영	18,690	4	1	1	6	4	4	2
785	용산구시설관리공단	남자지역 공영주차장 운영	18,690	4	1	1	6	4	4	2
786	용산구시설관리공단	한강소월 공영주차장 운영	18,690	4	1	1	6	4	4	2
787	용산구시설관리공단	이태원1동 공영주차장 운영	18,690	4	1	1	6	4	4	2
788	용산구시설관리공단	이촌로54길 공영주차장 운영	18,690	4	1	1	6	4	4	2
789	용산구시설관리공단	서계동 공영주차장 운영	18,690	4	1	1	6	4	4	2
790	용산구시설관리공단	용산2가동(소월) 공영주차장 운영	18,690	4	1	1	6	4	4	2
791	용산구시설관리공단	용문동 공영주차장 운영	18,690	4	1	1	6	4	4	2
792	용산구시설관리공단	청파동1마을공원 공영주차장 운영	18,690	4	1	1	6	4	4	2
793	용산구시설관리공단	청파동청사 공영주차장 운영	18,690	4	1	1	6	4	4	2
794	용산구시설관리공단	후암동 공영주차장 운영	18,690	4	1	1	6	4	4	2
795	용인도시공사	2022년도 승강기 유지관리대행 용역	73,530	3	2	1	3	1	1	4
796	용인도시공사	2022년도 방충관리대행 용역	81,260	3	2	1	3	1	1	4
797	용인도시공사	2022년도 전기안전관리대행 용역	55,020	3	2	1	3	1	1	4
798	용인도시공사	2022년도 무인경비 및 근태관리시스템 관리 용역	159,366	3	4	1	7	1	1	4
799	용인도시공사	2022년도 용인도시공사 본사 청소 용역	56,000	3	4	1	7	1	1	4
800	용인도시공사	경기시설팀 2022년 청소경비 용역	399,817	3	2	6	3	1	1	2
801	용인도시공사	생활체육1팀 2022년 청소경비 용역	435,235	3	2	1	3	1	1	2
802	용인도시공사	처인성어울림센터 2022년 청소용역	45,000	3	4	1	3	1	1	2
803	용인도시공사	화원관리프로그램 유지	20,040	3	4	1	7	1	1	2
804	용인도시공사	2022년 시민체육센터 청소용역	478,260	3	2	6	3	1	1	2
805	용인도시공사	2022년 시민체육센터 셔틀버스 파견근로자 용역	187,680	3	2	6	3	1	1	2
806	용인도시공사	모현다목적회관 청소용역	195,000	3	1	6	3	1	1	2
807	용인도시공사	모현다목적회관 회원프로그램관리	6,000	3	4	1	6	1	1	2
808	용인도시공사	2021년 평온의숲 전자결재 진본확인 시스템 유지보수 용역	4,560	3	4	1	7	1	1	4
809	용인도시공사	2021년 평온의숲 장사정보시스템 유지보수 용역	21,996	1	4	1	7	1	1	4
810	용인도시공사	2021년 평온의숲 종합안내시설 유지보수 용역	19,200	3	4	1	7	1	1	4

-28-

순번	기관명	지출명(사업명)	2022년 예산 (단위:천원/1년간)	민간위탁 근거 1.법률에 규정 2.국고보조 재원(국가지정) 3.공공기관 필요에 따른 내부 결정사항 4.조례 등 지자체에서 명시 5.공공기관 내부규정 존재 6.국가 정책 및 제정사항 7.기타 8.해당없음	계약체결방법 (경쟁형태) 1.일반경쟁 2.제한경쟁 3.지명경쟁 4.수의계약 5.협정위탁 6.기타 7.해당없음	계약기간 1.1년 2.2년 3.3년 4.4년 5.5년 6.기타( )년 7.해당없음	낙찰자선정방법 1.적격심사 2.협상에의한계약 3.최저가낙찰제 4.규격가격분리 5.2단계 경쟁입찰 6.기타( ) 7.해당없음	운영예산 산정 1.내부산정(기관 자체적으로 산정) 2.외부산정(외부전문기관위탁 산정) 3.내·외부 모두 산정 4.산정無 5.해당없음	정산방법 1.내부정산(기관 내부적으로 정산) 2.외부정산(외부전문기관위탁 정산) 3.내·외부 모두 산정 4.정산無 5.해당없음	성과평가 실시여부 1.실시 2.미실시 3.향후 추진 4.해당없음
811	용인도시공사	2021년 평온의숲 네트워크 장비 임대 용역	7,920	1	4	1	7	1	1	4
812	용인도시공사	2021년도 용인평온의숲 대기배출시설 전제처리 용역	22,000	1	4	1	7	1	1	4
813	용인도시공사	2021년도 용인평온의숲 개인하수처리시설 유지관리 용역	16,200	1	2	1	3	1	1	4
814	용인도시공사	2021년도 용인평온의숲 대기오염물질 측정대행 용역	54,000	1	4	1	7	1	1	4
815	용인도시공사	2021년도 용인평온의숲 청소, 주차, 경비 용역	589,670	1	4	1	7	1	1	4
816	용인도시공사	관제시스템 유지관리비	42,000	3	4	1	7	2	1	1
817	용인도시공사	재활용센터 청소용역	33,600	3	4	1	6	1	1	4
818	용인문화재단	2022년 용인문화재단 주차출차유도 관리	33,830	1	4	1	7	1	4	4
819	용인문화재단	2022년 용인포은아트홀 통신설비 유지보수 용역	3,960	1	4	1	7	1	4	4
820	용인문화재단	2022년 예술교육사업 업무지원 시스템 유지관리	5,184	1	4	1	7	1	4	4
821	용인문화재단	2022년 용인문화재단 공연장 및 운영시설 전기설비 안전관리	8,910	1	4	1	1	1	4	4
822	용인문화재단	용인문화재단 정수기 설치 및 유지관리	20,764	1	2	3	1	1	4	4
823	용인문화재단	공기청정기 임차 및 유지보수	12,365	1	4	3	7	1	4	4
824	용인문화재단	공간향균기(에어제나) 기기 위탁관리	2,661	1	4	1	7	1	4	4
825	용인문화재단	2022년 홈페이지 유지보수	6,204	1	4	1	7	1	4	4
826	용인문화재단	2022년 백업서버 유지보수	21,999	1	4	1	7	1	4	4
827	용인문화재단	2022년 용인문화재단 전자결재시스템 유지보수	18,216	1	4	1	7	1	4	4
828	용인문화재단	2022년 용인포은아트홀 승강기설비 유지보수	9,108	1	4	1	7	1	4	4
829	용인문화재단	2022년 공간향균기 PC블티 유지관리	5,148	1	4	1	7	1	4	4
830	용인문화재단	2022년 용인어린이상상의숲 승강기설비 유지관리	10,622	1	4	1	1	1	4	4
831	용인문화재단	2022년 용인포은아트홀 CCTV 렌탈 및 통합관제시스템 유지관리	16,368	1	4	1	7	1	4	4
832	용인문화재단	2022년 동백 미디어센터, 처인출 활체어리프트 유지관리	4,800	1	4	1	7	1	4	4
833	용인문화재단	2022년 용인어린이상상의숲 CCTV 렌탈 및 통합관제시스템 유지보수	7,075	1	4	1	7	1	4	4
834	용인문화재단	2022년 용인포은아트홀 소방설비 유지보수	8,400	1	4	1	7	1	4	4
835	용인문화재단	2022년 (재)용인문화재단 시설 무인경비시스템 용역	35,573	1	4	1	7	1	4	4
836	용인문화재단	2022년 상상+아카데미 운영관리시스템 유지보수	2,340	1	4	1	1	1	4	4
837	용인문화재단	2022년 용인문화재단 무대예술 무대기계 유지보수	58,360	1	2	1	1	1	4	4
838	(재)우체국물류지원단	운송위탁비	92,053,793	3	1	3	4	1	1	1
839	울산광역시남구도시관리공단	정보화시스템 유지보수용역	172,703	1	2	3	3	5	5	4

순번	기관명	지출명(사업명)	2022년 예산 (단위:천원/1년간)	민간위탁 근거 1. 법률에 규정 2. 국고보조 재원(국가지정) 3. 공공기관 필요에 따른 내부 결정사항 4. 조례 등 지자체에서 명시 5. 공공기관 내부규정 존재 6. 국가 정책 및 재정사항 7. 기타 8. 해당없음	계약체결방법(경쟁형태) 1. 일반경쟁 2. 제한경쟁 3. 지명경쟁 4. 수의계약 5. 별정위탁 6. 기타() 7. 해당없음	입찰방식 계약기간 1. 1년 2. 2년 3. 3년 4. 4년 5. 5년 6. 기타()년 7. 해당없음	낙찰자선정방법 1. 적격심사 2. 협상에의한계약 3. 최저가낙찰제 4. 규격가격분리 5. 2단계 경쟁입찰 6. 기타() 7. 해당없음	운영예산 산정 1. 내부산정(기관 자체적으로 산정) 2. 외부산정(외부전문기관위탁 산정) 3. 내·외부 모두 산정 4. 산정 無 5. 해당없음	정산방법 1. 내부정산(기관 내부적으로 정산) 2. 외부정산(외부전문기관위탁 정산) 3. 내·외부 모두 산정 4. 정산 無 5. 해당없음	성과평가 실시여부 1. 실시 2. 미실시 3. 향후 추진 4. 해당없음
840	울산도시공사	도시재생지원센터 홈페이지 유지보수	3,960	7	4	1	7	1	1	4
841	울산도시공사	병영상일아파트 임대료고지 위탁	4,026	7	4	1	7	1	1	4
842	울산도시공사	ERP시스템 유지보수	18,000	7	4	1	7	1	1	4
843	울산도시공사	사옥 전기설비 안전관리대행	3,550	7	4	1	7	1	1	4
844	울산도시공사	문수대게시앙3단지 시설물관리 위탁	3,828	7	4	1	7	1	1	1
845	울산도시공사	병영상일아파트 시설물관리 위탁	5,940	7	4	1	7	1	1	1
846	울산도시공사	문수대게시앙2단지 소방시설 점검	3,900	7	4	1	7	1	1	4
847	울산도시공사	문수대게시앙3단지 소방시설 점검	5,000	7	4	1	7	1	1	4
848	울산도시공사	사옥 승강기 안전관리대행	4,488	7	4	1	7	1	1	4
849	울산도시공사	전산장비 및 상용SW 유지관리	35,009	7	4	1	7	1	1	4
850	울산도시공사	사옥 소방시설 안전관리대행	7,134	7	2	1	3	1	1	4
851	울산도시공사	울산도시공사 청사 경비	87,185	7	2	1	3	1	1	4
852	울산도시공사	울산도시공사 청사 청소	59,623	7	2	1	3	1	1	4
853	울산도시공사	익명고시스템 운영 위탁	4,554	7	4	1	7	1	1	4
854	울산도시공사	구분회계시스템 유지보수	31,420	7	1	1	3	1	1	4
855	울산도시공사	공단 정보시스템 통합유지보수 용역	282,759	5	1	2	2	1	1	4
856	의왕도시공사	통합운영시스템 유지보수	7,500	7	4	1	7	1	1	4
857	의왕도시공사	포일스포츠센터 자판기운영1	2,640,000	4	2	3	6	5	5	4
858	의왕도시공사	포일스포츠센터 자판기운영2	1,127,500	4	2	3	6	5	5	4
859	의왕도시공사	내손탁구장 자판기운영	176,550	4	2	3	6	5	5	4
860	의왕도시공사	통합운영시스템 유지보수	7,920,000	7	4	1	7	1	1	4
861	의왕도시공사	숙박예약시스템 유지보수	10,800	3	4	1	7	1	1	4
862	의왕도시공사	레저시설 청구류세탁	122,172	3	2	1	1	1	1	4
863	의왕도시공사	왕송호수평광장 음식물 처리	5,651	3	4	2	3	1	1	4
864	의왕도시공사	수조위탁관리	14,400	3	4	1	6	1	1	3
865	인천관광공사	하버파크호텔	5,567,000	1	1	5	2	1	1	1
866	인천관광공사	인천시티투어	5,567,000	1	1	3	2	1	1	1
867	이천시시설관리공단	산업안전관리대행비	6,969,600	1	5	1	7	1	1	1
868	이천시시설관리공단	전기안전관리대행	6,336,000	1	5	1	7	1	1	1

-30-

순번	기관명	지출명(사업명)	2022년 예산 (단위:천원/1년간)	민간위탁 근거 1.법률에 규정 2.국고보조 재원(국가지정) 3.공공기관 필요에 따른 내부 결정사항 4.조례 등 지자체에서 명시 5.공공기관 내부규정 존재 6.국가 정책 및 재정사항 7.기타 8.해당없음	계약체결방법(경쟁형태) 1.일반경쟁 2.제한경쟁 3.지명경쟁 4.수의계약 5.협정위탁 6.기타( ) 7.해당없음	계약기간 1.1년 2.2년 3.3년 4.4년 5.5년 6.기타( )년 7.해당없음	낙찰자선정방법 1.적격심사 2.협상에의한계약 3.최저가낙찰 4.규격가관리 5.2단계 경쟁입찰 6.기타( ) 7.해당없음	운영예산 산정 1.내부산정 (기관 자체적으로 산정) 2.외부산정 (외부전문기관위탁 산정) 3.내외부 모두 산정 4.산정 無 5.해당없음	정산방법 1.내부정산 (기관 내부적으로 정산) 2.외부정산 (외부전문기관위탁 정산) 3.내외부 모두 정산 4.정산 無 5.해당없음	성과평가 실시여부 1.실시 2.미실시 3.향후 추진 4.해당없음
869	이천시설관리공단	날씨경영 시스템 유지관리	1,760,000	3	4	1	2	1	1	1
870	이천시설관리공단	ERP(인사/회계/급여/물품) 시스템 유지관리	8,422,500	3	4	1	2	1	1	1
871	이천시설관리공단	백업시스템 유지보수	5,160,000	3	4	1	2	1	1	1
872	이천시설관리공단	오라클 DBMS 유지관리	4,710,000	3	4	1	2	1	1	1
873	이천시설관리공단	전자문서프로그램 및 복무관리시스템 유지보수	7,281,000	3	4	1	2	1	1	1
874	이천시설관리공단	공인노무사 자문	3,960,000	3	4	1	2	1	1	1
875	이천시설관리공단	공단 대표 홈페이지 유지관리	4,500	3	4	1	2	1	1	1
876	이천시설관리공단	전산 인간사용권 구입	11,263	3	4	1	2	1	1	1
877	이천시설관리공단	공단 웹메일시스템 유지관리	10,560	3	4	1	2	1	1	1
878	이천시설관리공단	전산 네트워크 및 보안장비 유지보수	14,400	3	4	1	2	1	1	1
879	이천시설관리공단	이동지원센터 관제시스템 유지보수	26,980	2	4	1	2	1	1	1
880	이천시설관리공단	공영주차장 전기안전관리 위탁(택시쉼터)	1,200	1	5	1	7	1	1	1
881	이천시설관리공단	공영주차장 소방안전관리(서희청소년문화센터/택시쉼터)	5,280	1	5	1	7	1	1	1
882	이천시설관리공단	공영주차장 소방안전관리(녹색쉼월)	2,640	1	5	1	7	1	1	1
883	이천시설관리공단	자연장지 승강기 안전관리	1,716	1	5	1	7	1	1	1
884	이천시설관리공단	자연장지 소방 안전관리	1,980	2	4	1	2	1	1	1
885	이천시설관리공단	공공사업단 주차장운영시스템유지보수	20,160	3	4	1	2	1	1	1
886	이천시설관리공단	농업태마공원 홈페이지 유지관리	2,640	3	4	1	2	1	1	1
887	이천시설관리공단	농업태마공원 오수처리시설 관리	7,920	3	5	1	7	1	1	1
888	이천시설관리공단	농업태마공원 전기 안전관리	7,200	3	5	1	2	1	1	1
889	이천시설관리공단	농업태마공원 승강기 유지관리	1,800	3	5	1	2	1	1	4
890	이천시설관리공단	농업태마공원 소방 안전관리	1,980	3	5	1	7	1	1	1
891	인천관광공사	2022년 인천광기업지원센터 미화용역	44,624	3	4	1	3	5	1	2
892	인천관광공사	2022년 인천광광기업지원센터 무인경비 시스템 운영	3,960	3	4	1	7	5	1	2
893	인천관광공사	2022년 인천광광기업지원센터 정보통신화선 서비스 용역	9,662	3	4	1	7	5	1	2
894	인천관광공사	2022-2023 송도컨벤시아 정보통신시스템 유지관리 용역	760,068	3	4	2	2	3	1	4
895	인천광역시미추홀구시설관리공단	민간위탁 공영주차장 온비드 납찰 수수료	2,500	4	2	1	6	7	7	4
896	인천광역시미추홀구시설관리공단	민간위탁 공영주차장 온비드 납찰 수수료	2,500	7	2	1	4	7	7	4
897	인천광역시미추홀구시설관리공단	민간위탁 공영주차장 온비드 납찰 수수료	2,500	7	2	1	4	7	7	4

순번	기관명	지출명 (사업명)	2022년 예산 (단위:천원/1년간)	민간위탁 근거 1. 법률에 규정 2. 국고보조 재원(국가지정) 3. 공공기관 필요에 따른 내부 결정사항 4. 조례 등 지자체에서 명시 5. 공공기관 내부규정 존재 6. 국가 정책 및 제정사항 7. 기타 8. 해당없음	입찰방식		낙찰자선정방법 1. 적격심사 2. 협상에의한계약 3. 최저가낙찰제 4. 규격가격분리 5. 2단계 경쟁입찰 6. 기타 7. 해당없음	운영예산 산정		성과평가 실시여부 1. 실시 2. 미실시 3. 향후 추진 4. 해당없음
					계약체결방법 (경쟁형태) 1. 일반경쟁 2. 제한경쟁 3. 지명경쟁 4. 수의계약 5. 협단위 6. 기타( ) 7. 해당없음	계약기간 1. 1년 2. 2년 3. 3년 4. 4년 5. 5년 6. 기타( )년 7. 해당없음		운영예산 산정 1. 내부산정 (기관 자체적으로 산정) 2. 외부산정 (외부전문기관위탁 산정) 3. 내·외부 모두 산정 4. 산정 無 5. 해당없음	정산방법 1. 내부정산 (기관 내부적으로 정산) 2. 외부정산 (외부전문기관위탁 정산) 3. 내·외부 모두 산정 4. 정산 無 5. 해당없음	
898	인천광역시미추홀구시설관리공단	민간위탁 공영주차장 온비드 낙찰 수수료	2,500	7	2	1	4	7	7	4
899	인천광역시미추홀구시설관리공단	민간위탁 공영주차장 온비드 낙찰 수수료	2,500	7	2	1	4	7	7	4
900	인천광역시미추홀구시설관리공단	민간위탁 공영주차장 온비드 낙찰 수수료	2,500	7	2	1	4	7	7	4
901	부평구시설관리공단	2022년 지방공기업 예산회계시스템 유지관리 및 운영 위·수탁	9,360	3	4	1	7	1	1	4
902	부평구시설관리공단	2022년도 부평구시설관리공단 정보시스템 통합 유지보수 용역	82,829	3	2	1	6	1	1	4
903	부평구시설관리공단	2022년 부평구시설관리공단 무인경비시스템 및 근태관리 용역	32,270	3	4	1	7	1	1	4
904	부평구시설관리공단	2022년 공단본부 청소용역	18,308	3	4	1	7	1	1	4
905	부평구시설관리공단	2022년 전기안전관리 대행(주차,체육)	9,084	3	4	1	7	1	1	4
906	부평구시설관리공단	2022년 신곡노인문화센터 전기안전관리 대행	1,800	3	4	1	7	1	1	4
907	부평구시설관리공단	2022년 소방안전관리 대행	18,864	3	4	1	7	1	1	4
908	부평구시설관리공단	2022년 공단본부 커피머신 렌탈	838	3	4	1	7	1	1	4
909	부평구시설관리공단	2022년도 전자결재시스템 유지보수 용역	4,752	3	4	1	7	1	1	4
910	부평구시설관리공단	2022년 PC 유지보수 용역	10,436	3	4	1	7	1	1	4
911	부평구시설관리공단	2022년도 넷페시스템 유지보수 용역	14,000	3	4	1	7	1	1	4
912	부평구시설관리공단	2022년도 항온항습기 유지보수 용역	1,524	3	4	1	7	1	1	4
913	부평구시설관리공단	안전관리자 업무 대행	1,320	3	4	1	7	1	1	4
914	부평구시설관리공단	보건관리자 업무 대행	12,561	3	4	1	7	1	1	4
915	부평구시설관리공단	2022년 복합기 임차 용역	13,392	3	4	1	7	1	1	4
916	부평구시설관리공단	2022년도 노무자문(노무사) 위탁 계약	20,148	3	4	1	7	1	1	4
917	부평구시설관리공단	2022년 급여 및 인사프로그램 유지보수	6,600	3	4	1	7	1	1	4
918	부평구시설관리공단	2022년도 유형고정자산관리시스템 유지보수	1,788	3	4	1	7	1	1	4
919	부평구시설관리공단	2022년 통합주차관리프로그램 임대 및 유지보수	831	3	4	1	7	1	1	4
920	부평구시설관리공단	2022년 불법 주정차 전산프로그램 유지보수	14,520	3	4	1	7	1	1	4
921	부평구시설관리공단	2022년 거주자우선주차 전산프로그램 유지보수	4,500	3	4	1	7	1	1	4
922	부평구시설관리공단	2022년 거주자우선주차 DB암호화 솔루션 유지보수	6,600	3	4	1	7	1	1	4
923	부평구시설관리공단	2022년 공영주차장 관제기 유지보수	3,960	3	4	1	7	1	1	4
924	부평구시설관리공단	2022년 중랑체중 관리 전산화시스템 유지보수	10,956	3	4	1	7	1	1	4
925	부평구시설관리공단	2022년 종합관제시스템 유지보수	2,400	3	4	1	7	1	1	4
926	부평구시설관리공단	2022년 회원관리프로그램 유지보수	4,800	3	4	1	7	1	1	4

순번	기관명	지출명 (사업명)	2022년 예산 (단위:천원/1년간)	민간위탁 근거 1. 법률에 규정 2. 국고보조 재원(국가지정) 3. 공공기관 필요에 따른 4. 조례 등 지자체에서 명시 5. 공공기관 내부규정 존재 6. 국가 정책 및 재정사항 7. 기타 8. 해당없음	계약체결방법 (경쟁형태) 1. 일반경쟁 2. 제한경쟁 3. 지명경쟁 4. 수의계약 5. 법정위탁 6. 기타 7. 해당없음	계약기간 1. 1년 2. 2년 3. 3년 4. 4년 5. 5년 6. 기타( )년 7. 해당없음	낙찰자선정방법 1. 적격심사 2. 협상의한계약 3. 최저가낙찰제 4. 규격가격분리 5. 2단계 경쟁입찰 6. 기타( ) 7. 해당없음	운영산 선정 1. 내부선정 (기관 자체적으로 선정) 2. 외부선정 (외부전문기관위탁 선정) 3. 내·외부 모두 선정 4. 선정 無 5. 해당없음	정산방법 1. 내부정산 (기관 내부적으로 정산) 2. 외부정산 (외부전문기관위탁 정산) 3. 내·외부 모두 선정 4. 정산 無 5. 해당없음	성과평가 실시여부 1. 실시 2. 미실시 3. 향후 추진 4. 해당없음
927	부평구시설관리공단	2022년 다목적실내체육관 AED(자동제세동기) 렌탈	1,056	3	4	1	7	1	1	4
928	부평구시설관리공단	2022년도 체육사업팀 발열감지기 렌탈	1,504	3	4	1	7	1	1	4
929	부평구시설관리공단	2022년 부평국민체육센터 수질관리약품 구매 연간 단가	11,634	3	4	1	7	1	1	4
930	부평구시설관리공단	2022년 승강기(갑샤장 공영주차장) 유지보수	1,452	3	4	1	7	1	1	4
931	부평구시설관리공단	2022년 승강기(부평시장 공영주차장) 유지보수	1,452	3	4	1	7	1	1	4
932	부평구시설관리공단	2022년 승강기 유지보수(주차,체육)	2,904	3	4	1	7	1	1	4
933	부평구시설관리공단	승강기(삼산북합건물,삼산사회복지관, 대정주차장,신곡노인문화센터) 유지보수	11,616	3	4	1	7	1	1	4
934	부평구시설관리공단	2022년 방역소독 연간 단가	7,280	3	4	1	7	1	1	4
935	부평구시설관리공단	2022년 생수공급 단가계약	9,900	3	4	1	7	1	1	4
936	부평구시설관리공단	정수기(전인보관소) 렌탈 단가	455	3	4	1	7	1	1	4
937	부평구시설관리공단	2022년 공단본부 비데(세정기) 렌탈 단가	202	3	4	1	7	1	1	4
938	부평구시설관리공단	건축물공영정기 공기청정기 렌탈 단가	885	3	4	1	7	1	1	4
939	부평구시설관리공단	2022년 통합주차관제실내 정수기 임차	603	3	4	1	7	1	1	4
940	부평구시설관리공단	2022년 정수기 렌탈(부평국민체육센터) 단가	2,730	3	4	1	7	1	1	4
941	부평구시설관리공단	2022년 체육사업팀 용역(정수기, 공기청정기)	2,921	3	4	1	7	1	1	4
942	부평구시설관리공단	2022년 정수기(다목적실내체육관) 단가	2,127	3	4	1	7	1	1	4
943	부평구시설관리공단	2022년 정수기(신곡노인 문화센터) 렌탈 단가	1,189	3	4	1	7	1	1	4
944	부평구시설관리공단	2022년 민간 클라우드 JUMP 서비스 용역	3,960	3	4	1	7	1	1	4
945	부평구시설관리공단	2022년 공기청정기(부평국민체육센터 지하경사반) 렌탈 단가	355	3	4	1	7	1	1	4
946	부평구시설관리공단	2022년 북부문화센터 무인경비시스템 및 근태관리 용역	9,793	3	4	1	7	1	1	4
947	부평구시설관리공단	2022년 북부문화센터 소방안전관리 대행	3,180	3	4	1	7	1	1	4
948	부평구시설관리공단	2022년 북부문화센터 전기안전관리 대행	5,400	3	4	1	7	1	1	4
949	부평구시설관리공단	2022년 방역소독 연간 단가(북부문화센터)	2,400	3	4	1	7	1	1	4
950	부평구시설관리공단	2022년 북부문화센터 전산장비(PC) 유지보수	2,690	3	4	1	7	1	1	4
951	부평구시설관리공단	2022년 북부문화센터 전산장비(보안장비, 서버) 유지보수	13,874	3	4	1	7	1	1	4
952	부평구시설관리공단	2022년 북부교육문화센터 관내보유차 유지보수관리	3,360	3	4	1	7	1	1	4
953	부평구시설관리공단	2022년 북부교육문화센터 냉난방기 유지보수관리	6,120	3	4	1	7	1	1	4
954	부평구시설관리공단	2022년 북부교육문화센터 통합운영관리시스템 유지보수	14,520	3	4	1	7	1	1	4
955	부평구시설관리공단	2022년 북부교육문화센터 승강기 유지관리	2,904	3	4	1	7	1	1	4

순번	기관명	지출명 (사업명)	2022년 예산 (단위:천원/1년간)	민간위탁 근거 1. 법률에 규정 2. 국고보조 재원(국가지정) 3. 공공기관 필요에 따른 내부 결정사항 4. 조례 등 지자체에서 명시 5. 공공기관 내부규정 존재 6. 국가 정책 및 재정사항 7. 기타 8. 해당없음	입찰방식 계약체결방법 (경쟁형태) 1. 일반경쟁 2. 제한경쟁 3. 지명경쟁 4. 수의계약 5. 변경위탁 6. 기타 ( ) 7. 해당없음	계약기간 1. 1년 2. 2년 3. 3년 4. 4년 5. 5년 6. 기타 ( )년 7. 해당없음	낙찰자선정방법 1. 적격심사 2. 협상에의한계약 3. 최저가낙찰제 4. 규격가격분리 5. 2단계 경쟁입찰 6. 기타 ( ) 7. 해당없음	운영예산 산정 운영예산 산정 1. 내부산정 (기관 자체적으로 산정) 2. 외부산정 (외부전문기관위탁 산정) 3. 내·외부 모두 산정 4. 산정 無 5. 해당없음	정산방법 1. 내부정산 (기관 내부적으로 정산) 2. 외부정산 (외부전문기관위탁 정산) 3. 내·외부 모두 산정 4. 정산 無 5. 해당없음	성과평가 실시여부 1. 실시 2. 미실시 3. 향후 추진 4. 해당없음
956	부평구시설관리공단	2022년 북부교육문화센터 수영장 여과설비 유지보수	2,640	3	4	1	7	1	1	4
957	부평구시설관리공단	2022년 북부교육문화센터 비데(세정기)렌탈 단가	608	3	4	1	7	1	1	4
958	부평구시설관리공단	2022년 북부교육문화센터 정수기 렌탈 단가	4,075	3	4	1	7	1	1	4
959	인천광역시체육회	문학박태환수영장 위탁	3,923,063	1	1	3	2	1	1	4
960	인천광역시체육회	열우물테니스/스쿼시경기장 위탁	4,156,729	1	1	3	1	1	1	4
961	인천광역시체육회	도원체육관수영장 위탁	3,097,581	1	1	3	2	1	1	4
962	인천광역시체육회	올림픽기념국민생활관 위탁	3,583,490	1	1	3	2	1	1	4
963	인천광역시체육회	남동경기장 위탁	2,130,672	1	1	1	1	1	1	4
964	인천광역시체육회	송도LNG종합스포츠타운 위탁	96,960	1	2	1	1	1	1	4
965	인천광역시체육회	선학하키경기장 위탁	1,134,682	1	2	1	1	1	1	4
966	인천광역시체육회	옥련국제사격장 위탁	1,226,638	1	2	1	1	1	1	4
967	인천광역시체육회	문학경기장 위탁	870,505	1	2	1	1	1	1	4
968	인천교통공사	인천종합터미널 업무도급	1,174,000	3	2	3	6	1	1	1
969	인천국제공항공사	사이버보안관제 및 정보보호 운영관리 용역	3,678,000	1	2	3	2	1	1	4
970	인천도시공사	근대건축문화자산 재생사업 제1호(개항장 이음 1977) 운영	165,000	3	7	7	7	7	7	4
971	인천시설공단	홈페이지 통합구축 클라우드 서비스 임대 용역	25,552	1	4	3	7	1	1	4
972	인천시설공단	2022년 통합정보보안시스템(ERP) 유지보수 용역 계약	45,768	7	4	1	3	1	1	4
973	인천시설공단	2022년 화물통합관리시스템 유지관리 용역	11,738	7	4	1	7	1	1	4
974	인천시설공단	2022년 주차선시스템 유지관리 용역	71,130	1	4	1	7	1	1	4
975	인천시설공단	2022년 공단 전산실 무인경비시스템 용역	1,320	1	4	1	7	1	1	4
976	인천시설공단	2022년 지문인식시스템 유지보수 용역	3,636	1	4	1	7	1	1	4
977	인천시설공단	2022년도 전자경제시스템 유지관리 용역	34,600	1	4	1	7	1	1	4
978	인천광역시중구시설관리공단	무인경비 및 근태관리시스템 관리용역	59,516	3	2	3	1	1	1	4
979	(재)인천테크노파크	2022년 제물포스마트타운 시설관리용역	381,695	7	1	1	3	2	2	4
980	(재)인천테크노파크	2022년도 제물포스마트타운 청소,경비용역	351,714	7	1	1	3	2	2	4
981	(재)인천테크노파크	2022년도 인천종합비즈니스센터 시설관리 및 청소경비 용역	1,072,000	7	1	1	3	2	2	4
982	(재)인천테크노파크	2022년 인천테크노파크 종합시설관리용역	3,215,307	7	1	2	2	1	1	4
983	인천항만공사	전산유지보수	250,000	3	2	3	3	1	1	1
984	인천항만공사	야구장운영	231,960	3	1	6	2	3	1	3

순번	기관명	지출명 (사업명)	2022년 예산 (단위:천원/1년간)	민간위탁 근거 1. 법률에 규정 2. 국고보조 재원(국가지정) 3. 공공기관 필요에 따른 내부 결정사항 4. 조례 등 지자체에서 명시 5. 공공기관 내부규정 존재 6. 국가 정책 및 재정사항 7. 기타 8. 해당없음	계약체결방법 (경쟁형태) 1. 일반경쟁 2. 제한경쟁 3. 지명경쟁 4. 수의계약 5. 변경위탁 6. 기타 ( ) 7. 해당없음	입찰방식 계약기간 1. 1년 2. 2년 3. 3년 4. 4년 5. 5년 6. 기타 ( )년 7. 해당없음	낙찰자선정방법 1. 적격심사 2. 협상에의한계약 3. 최저가낙찰제 4. 규격가격분리 5. 2단계 경쟁입찰 6. 기타 ( ) 7. 해당없음	운영예산 산정 1. 내부산정 (기관 자체적으로 산정) 2. 외부산정 (외부전문기관위탁 산정) 3. 내・외부 모두 산정 4. 산정 無 5. 해당없음	정산방법 1. 내부정산 (기관 내부적으로 정산) 2. 외부정산 (외부전문기관위탁 정산) 3. 내・외부 모두 산정 4. 정산 無 5. 해당없음	성과평가 실시여부 1. 실시 2. 미실시 3. 향후 추진 4. 해당없음
985	인천항만공사	인천항만공사 사옥 청소	216,400	3	1	6	1	1	1	2
986	전남개발공사	전남개발공사 SLA기반 정보시스템 통합 유지보수	194,991	3	1	3	2	3	1	1
987	정선군시설관리공단	통합방범경비 용역	86,160	3	2	1	3	1	1	4
988	정선군시설관리공단	전자결재시스템 유지보수 용역	25,308	3	4	1	7	1	1	4
989	정선군시설관리공단	안전관리 위탁 용역	9,220	1	4	1	7	1	1	4
990	정선군시설관리공단	자가용 전기설비 안전관리 대행	18,383	1	4	1	7	1	1	4
991	정선군시설관리공단	승강기유지관리	6,753	1	4	1	7	1	1	4
992	정선군시설관리공단	궤도시설 유지보수 용역	16,720	1	4	1	7	1	1	4
993	정선군시설관리공단	무기명 민원관리시스템	4,770	3	1	3	2	3	1	1
994	제주특별자치도개발공사	도외판매 물류 운영사업	48,085,574	3	1	3	1	3	1	1
995	제주특별자치도개발공사	도내판매 물류 운영사업	1,464,870	3	1	3	1	3	1	4
996	제주특별자치도개발공사	가공용 감귤원과 운송	326,147	3	1	3	2	3	3	1
997	제주특별자치도개발공사	JPDC 온라인 교육 위탁 운영	358,742	3	1	3	1	3	1	4
998	제주특별자치도개발공사	JPDC 통근버스 위탁 운영	550,000	3	1	2	1	2	1	4
999	제주특별자치도개발공사	제주삼다수 체조단 운영	754,910	7	7	3	7	2	1	4
1000	제주특별자치도개발공사	임시사무연구동 안전관리업무 위탁대행	21,788	3	5	1	7	1	4	4
1001	제주특별자치도개발공사	임시사무연구동 보건관리업무 위탁대행	20,750	1	5	1	7	1	4	4
1002	제주특별자치도개발공사	탐라영재관 시설물관리 용역	745,691	3	2	5	7	2	1	4
1003	제주특별자치도개발공사	임대주택 일상보수용역	597,637	3	1	2	1	2	1	1
1004	종로구시설관리공단	2023년도 공단 홈페이지 유지보수 용역	7,200	3	4	1	7	1	1	4
1005	종로구시설관리공단	2023년도 PC개인정보관리시스템 유지보수 용역계속	1,800	3	4	1	7	1	1	4
1006	종로구시설관리공단	2023년도 성과관리시스템 유지보수 용역계속	5,400	3	4	1	7	1	1	4
1007	종로구시설관리공단	2023년 그룹웨어시스템 유지관리 용역 계획	17,400	3	4	1	7	1	1	4
1008	종로구시설관리공단	2023년 공단 ERP시스템 유지관리 용역계약	30,360	3	4	1	7	1	1	4
1009	종로구시설관리공단	2023년 개인정보 접속기록시스템 유지관리 용역	4,800	3	4	1	7	1	1	4
1010	종로구시설관리공단	2023년도 회원관리시스템 유지보수 용역	8,640	3	4	1	7	1	1	4
1011	종로구시설관리공단	2023년도 DB암호화 솔루션 유지보수	3,000	3	4	1	7	1	1	4
1012	종로구시설관리공단	정수기관리용역	1,680	3	4	1	7	1	1	4
1013	종로구시설관리공단	공기청정기 관리용역	1,200	3	4	1	7	1	1	4

순번	기관명	지출명 (사업명)	2022년 예산 (단위:천원/1년간)	민간위탁 근거 1. 법률에 규정 2. 국고보조 재원(국가지정) 3. 공공기관 필요에 따른 4. 조례 등 지자체에서 명시 5. 공공기관 내부규정 존재 6. 국가 정책 및 재정사항 7. 기타 8. 해당없음	입찰방식 계약체결방법 (경쟁형태) 1. 일반경쟁 2. 제한경쟁 3. 지명경쟁 4. 수의계약 5. 법정위탁 6. 기타() 7. 해당없음	계약기간 1. 1년 2. 2년 3. 3년 4. 4년 5. 5년 6. 기타()년 7. 해당없음	낙찰자선정방법 1. 적격심사 2. 협상에의한계약 3. 최저가낙찰제 4. 규격가절比 5. 2단계 경쟁입찰 6. 기타() 7. 해당없음	운영예산 산정 1. 내부산정 (기관 자체적으로 산정) 2. 외부산정 (외부전문기관위탁 산정) 3. 내·외부 모두 산정 4. 산정無 5. 해당없음	정산방법 1. 내부정산 (기관 내부적으로 정산) 2. 외부정산 (외부전문기관위탁 정산) 3. 내·외부 모두 산정 4. 정산 無 5. 해당없음	성과평가 실시여부 1. 실시 2. 미실시 3. 향후 추진 4. 해당없음
1014	종로구시설관리공단	통신설비유지보수관리	2,040	3	4	1	7	1	1	4
1015	종로구시설관리공단	방범용 역관리	2,040	3	4	1	7	1	1	4
1016	종로구시설관리공단	노무자문료	3,600	3	4	1	7	1	1	4
1017	종로구시설관리공단	생활관 정수기 및 비데 임대 용역	2,346	3	4	1	7	1	1	4
1018	종로구시설관리공단	생활관 경사형수직형 휠체어리프트 유지보수 용역	2,880	3	4	1	7	1	1	4
1019	종로구시설관리공단	생활관 승강기 유지보수 용역	2,112	3	4	1	7	1	1	4
1020	종로구시설관리공단	생활관 방역소독 용역	2,760	3	4	1	7	1	1	4
1021	종로구시설관리공단	생활관 방법경비 용역	2,232	3	4	1	7	1	1	4
1022	종로구시설관리공단	생활관 통신설비 유지보수 용역	2,160	3	4	1	7	1	1	4
1023	종로구시설관리공단	생활관 1층 현관 난방기 임대 용역	770	3	4	1	7	1	1	4
1024	종로구시설관리공단	수영장 수질관리 장비 임대 및 유지보수	10,317	3	4	1	7	1	1	4
1025	종로구시설관리공단	CCTV시스템 임대 용역	19,176	3	4	1	7	1	1	4
1026	종로구시설관리공단	생활관 정수기 유지보수	4,818	3	4	1	7	1	1	4
1027	종로구시설관리공단	생활관 공기청정기 임대 용역	9,718	3	4	1	7	1	1	4
1028	종로구시설관리공단	전기설비 안전점검 용역	6,315	3	4	1	7	1	1	4
1029	종로구시설관리공단	수직정원 유지관리 용역	1,716	3	4	1	7	1	1	4
1030	종로구시설관리공단	한강다목적운동장 정수기 임대 용역	240	3	4	1	7	1	1	4
1031	종로구시설관리공단	한강다목적운동장 CCTV시스템 임대 용역	1,545	3	4	1	7	1	1	4
1032	종로구시설관리공단	방역소독 용역	2,880	3	4	1	7	1	1	4
1033	종로구시설관리공단	방범 유지보수 용역	3,600	3	4	1	7	1	1	4
1034	종로구시설관리공단	승강기 유지보수	6,000	3	4	1	7	1	1	4
1035	종로구시설관리공단	통신설비 유지보수	2,520	3	4	1	7	1	1	4
1036	종로구시설관리공단	정수기 임대 용역	4,200	3	4	1	7	1	1	4
1037	종로구시설관리공단	수질관리 유지보수	13,200	3	4	1	7	1	1	4
1038	종로구시설관리공단	공기청정기 임대 용역	4,440	3	4	1	7	1	1	4
1039	종로구시설관리공단	전기설비 안전점검 대행 용역	9,000	3	4	1	7	1	1	4
1040	종로구시설관리공단	CCTV임대 용역	14,400	3	4	1	7	1	1	4
1041	종로구시설관리공단	태양광 모니터링 유지보수	480	3	4	1	7	1	1	4
1042	종로구시설관리공단	시스템 경비(방범) 용역	2,400	3	4	1	7	1	1	4

순번	기관명	지출명 (사업명)	2022년 예산 (단위:천원/1년간)	민간위탁 근거 1. 법률에 규정 2. 국고보조 재원(국가지정) 3. 공공기관 필요에 따른 내부 결정사항 4. 조례 등 지자체에서 명시 5. 공공기관 내부규정 존재 6. 국가 정책 및 제정사항 7. 기타 8. 해당없음	계약체결방법 (경쟁형태) 1. 일반경쟁 2. 제한경쟁 3. 지명경쟁 4. 수의계약 5. 방침위탁 6. 기타( ) 7. 해당없음	계약기간 1. 1년 2. 2년 3. 3년 4. 4년 5. 5년 6. 기타( )년 7. 해당없음	낙찰자선정방법 1. 적격심사 2. 협상에의한계약 3. 최저가낙찰제 4. 규격가격분리 5. 2단계 경쟁입찰 6. 기타( ) 7. 해당없음	운영예산 산정 1. 내부산정 (기관 자체적으로 산정) 2. 외부산정 (외부전문기관위탁 산정) 3. 내·외부 모두 산정 4. 산정無 5. 해당없음	정산방법 1. 내부정산 (기관 내부적으로 정산) 2. 외부정산 (외부전문기관위탁 정산) 3. 내·외부 모두 산정 4. 정산無 5. 해당없음	성과평가 실시여부 1. 실시 2. 미실시 3. 향후 추진 4. 해당없음
1043	종로구시설관리공단	방역소독 용역	2,280	3	4	1	7	1	1	4
1044	종로구시설관리공단	정수기 유지보수관리 용역	4,320	3	4	1	7	1	1	4
1045	종로구시설관리공단	통신설비 유지관리 용역	2,328	3	4	1	7	1	1	4
1046	종로구시설관리공단	승강기 유지보수 용역	4,080	3	4	1	7	1	1	4
1047	종로구시설관리공단	태양광 모니터링 유지보수 용역	462	3	4	1	7	1	1	4
1048	종로구시설관리공단	전기안전관리대행 및 관리 선임 용역	7,920	3	4	1	7	1	1	4
1049	종로구시설관리공단	기계식주차장 주차설비 유지보수 용역	5,304	3	4	1	7	1	1	4
1050	종로구시설관리공단	수질관리 장비임대 유지용 역	10,800	3	4	1	7	1	1	4
1051	종로구시설관리공단	전기설비 안전진단 대행용역	6,700	3	4	1	7	1	1	4
1052	종로구시설관리공단	자동제어설비 연간유지보수 용역	5,736	3	4	1	7	1	1	4
1053	종로구시설관리공단	수경정원 연간유지관리 용역	9,600	3	4	1	7	1	1	4
1054	종로구시설관리공단	시스템 정비(방범) 용역	480	3	4	1	7	1	1	4
1055	종로구시설관리공단	정수기 유지보수 용역	540	3	4	1	7	1	1	4
1056	종로구시설관리공단	동절기관리 소방안전대행(19개소)	3,168	3	1	1	7	2	1	4
1057	종로구시설관리공단	동절기관리 전기안전대행(5개소)	7,668	3	4	1	7	1	1	4
1058	종로구시설관리공단	동절기관리 전기안전대행(5개소)	6,180	3	4	1	7	1	1	4
1059	종로구시설관리공단	동절기관리 승강기 유지수(6개소)	10,692	3	4	1	7	1	1	4
1060	종로구시설관리공단	동절기관리 승강기 유지수(1개소)	2,323	3	4	1	7	1	1	4
1061	종로구시설관리공단	동절기관리 승강기 유지수(1개소)	1,584	3	4	1	7	1	1	4
1062	종로구시설관리공단	동절기관리 승강기 유지수(1개소)	1,980	3	4	1	7	1	1	4
1063	종로구시설관리공단	동절기관리 승강기 유지수(1개소)	3,600	3	4	1	7	1	1	4
1064	종로구시설관리공단	동절기관리 냉온수기 임대용역	3,168	3	4	1	7	1	1	4
1065	종로구시설관리공단	동절기관리 복합기 임대용역	1,056	3	4	1	7	1	1	4
1066	종로구시설관리공단	동절기관리 근태관리 용역	446	3	4	1	7	1	1	4
1067	종로구시설관리공단	동절기관리 공기정정기 임대용역	406	3	4	1	7	1	1	4
1068	종로구시설관리공단	정수기 임대용역(인사동)	660	3	4	1	7	1	1	4
1069	종로구시설관리공단	전기안전대행(인사동)	1,524	3	4	1	7	1	1	4
1070	종로구시설관리공단	근태관리 용역(인사동)	446	3	4	1	7	1	1	4
1071	종로구시설관리공단	CCTV 임대 용역(인사동)	2,162	3	4	1	7	1	1	4

-37-

순번	기관명	지출명(사업명)	2022년 예산 (단위:천원/1년간)	민간위탁 근거 1.법률에 규정 2.국고보조 재원(국가지정) 3.공공기관 필요에 따른 내부 결정사항 4.조례 등 지자체에서 명시 5.공공기관 내부규정 존재 6.국가 정책 및 재정사항 7.기타 8.해당없음	입찰방식 계약체결방법(경쟁형태) 1.일반경쟁 2.제한경쟁 3.지명경쟁 4.수의계약 5.변경위탁 6.기타 7.해당없음	입찰방식 계약기간 1.1년 2.2년 3.3년 4.4년 5.5년 6.기타( )년 7.해당없음	낙찰자선정방법 1.적격심사 2.협상에의한계약 3.최저가낙찰 4.규격가격분리 5.2단계 경쟁입찰 6.기타( ) 7.해당없음	운영예산 산정 운영예산산정 1.내부산정(기관 자체적으로 산정) 2.외부산정(외부전문기관위탁 산정) 3.내외부 모두 산정 4.산정 無 5.해당없음	운영예산 산정 정산방법 1.내부정산(기관 내부적으로 정산) 2.외부정산(외부전문기관위탁 정산) 3.내외부 모두 산정 4.정산 無 5.해당없음	성과평가 실시여부 1.실시 2.미실시 3.향후 추진 4.해당없음
1072	종로구시설관리공단	승강기 유지보수(인사동)	2,244	3	4	1	7	1	1	4
1073	종로구시설관리공단	방역 용역(인사동)	960	3	4	1	7	1	1	4
1074	종로구시설관리공단	방염유지보수 용역(보훈회관)	3,432	3	4	1	7	1	1	4
1075	종로구시설관리공단	정수기 임대용역(보훈회관)	981	3	4	1	7	1	1	4
1076	종로구시설관리공단	승강기 유지보수(보훈회관)	2,904	3	4	1	7	1	1	4
1077	종로구시설관리공단	공영주차장 프로그램 유지보수 용역	18,840	3	4	1	7	1	1	4
1078	종로구시설관리공단	방범유지보수 용역	2,539	3	4	1	7	1	1	4
1079	종로구시설관리공단	냉온수기 임대용역	4,704	3	4	1	7	1	1	4
1080	종로구시설관리공단	공기청정기 및 정수기 임대용역	2,788	3	4	1	7	1	1	4
1081	종로구시설관리공단	주차장 구획 추진 시스템 임대용역	24,723	3	4	1	7	1	1	4
1082	종로구시설관리공단	전기안전관리대행 유지보수	5,874	3	4	1	7	1	1	4
1083	종로구시설관리공단	승강기 유지보수	7,848	3	4	1	7	1	1	4
1084	종로구시설관리공단	승강기 유지보수	2,880	3	4	1	7	1	1	4
1085	종로구시설관리공단	승강기 유지보수	2,880	3	4	1	7	1	1	4
1086	종로구시설관리공단	기계식주차장 유지보수	5,640	3	4	1	7	1	1	4
1087	종로구시설관리공단	주차관제시스템 설비유지보수	7,848	3	4	1	7	1	1	4
1088	종로구시설관리공단	주차관제시스템 보안유지보수	7,800	3	4	1	7	1	1	4
1089	종로구시설관리공단	소방안전관리대행	19,140	3	4	1	7	1	1	4
1090	중소벤처기업진흥공단	글로벌지원플랫폼	625,000	1	1	1	2	5	3	3
1091	중소벤처기업진흥공단	글로벌화지원플랫폼	8,325,000	1	7	7	7	5	3	4
1092	중소벤처기업진흥공단	창업성공패키지	3,073,000	1	7	7	7	5	3	3
1093	창원시설공단	창원스포츠파크 경비 용역	59,669	3	2	1	1	1	1	4
1094	창원시설공단	성산노인복지관청소 용역	109,775	3	2	1	1	1	1	4
1095	창원시설공단	의창노인복지관청소 용역	109,775	3	2	1	1	1	1	4
1096	창원시설공단	마산합포노인복지관청소 용역	73,183	3	2	1	1	1	1	4
1097	창원시설공단	진동종합복지관청소 용역	220,845	3	2	1	1	1	1	4
1098	창원시설공단	장사시설관리소(성복공원)청소 용역	363,496	3	2	1	1	1	1	4
1099	창원시설공단	장사시설관리소(성복공원)경비 용역	70,310	3	2	1	1	1	1	4
1100	창원시설공단	우리누리청소년문화센터주관리 용역	68,915	3	2	1	1	1	1	4

-38-

순번	기관명	지출명 (사업명)	2022년 예산 (단위:천원/1년간)	민간위탁 근거 1. 법률에 규정 2. 국고보조 재원(국가지정) 3. 공공기관 필요에 따른 4. 조례 등 지자체에서 명시 5. 공공기관 내부규정 존재 6. 국가 정책 및 재정사항 7. 기타 8. 해당없음	계약체결방법 (경쟁형태) 1. 일반경쟁 2. 제한경쟁 3. 지명경쟁 4. 수의계약 5. 별정계약 6. 기타( ) 7. 해당없음	계약기간 1. 1년 2. 2년 3. 3년 4. 4년 5. 5년 6. 기타( )년 7. 해당없음	낙찰자선정방법 1. 적격심사 2. 협상에의한계약 3. 최저가낙찰제 4. 규격가절충 5. 2단계 경쟁입찰 6. 기타( ) 7. 해당없음	운영예산 산정 1. 내부산정 (기관 자체적으로 산정) 2. 외부산정 (외부전문기관위탁 산정) 3. 내·외부 모두 산정 4. 산정 無 5. 해당없음	정산방법 1. 내부정산 (기관 내부적으로 정산) 2. 외부정산 (외부전문기관위탁 정산) 3. 내·외부 모두 산정 4. 정산 無 5. 해당없음	성과평가 실시여부 1. 실시 2. 미실시 3. 향후 추진 4. 해당없음
1101	창원시설공단	늘푸른전당청소 용역	327,195	3	2	1	1	1	1	4
1102	창원시설공단	창원축구센터청소 용역	435,097	3	2	1	1	1	1	4
1103	창원시설공단	창원축구센터경비 용역	59,937	3	2	1	1	1	1	4
1104	창원시설공단	창원시립테니스장청소 용역	92,206	3	2	1	1	1	1	4
1105	창원시설공단	창원국제사격장청소 용역	218,447	3	2	1	1	1	1	4
1106	창원시설공단	마산야구센터경비 용역	86,755	3	2	1	1	1	1	4
1107	창원시설공단	의창스포츠센터청소 용역	346,595	3	2	1	1	1	1	4
1108	창원시설공단	북면골프연습장청소 용역	44,166	3	2	1	3	1	1	4
1109	창원시설공단	성산스포츠센터청소 용역	33,568	3	2	1	1	1	1	4
1110	창원시설공단	웅남국제육센터청소 용역	189,403	3	2	1	1	1	1	4
1111	창원시설공단	감계복지센터청소 용역	189,403	3	2	1	1	1	1	4
1112	창원시설공단	시민생활체육관청소 용역	225,197	3	2	1	1	1	1	4
1113	창원시설공단	마산함포스포츠센터 청소 용역	325,296	3	2	1	1	1	1	4
1114	창원시설공단	내서스포츠센터청소 용역	370,432	3	2	1	1	1	1	4
1115	창원시설공단	해양공원관리소청소 용역	141,204	3	2	1	1	1	1	4
1116	창원시설공단	창원종합버스터미널 청소 용역	214,402	3	2	1	1	1	1	4
1117	창원시설공단	창원종합버스터미널 경비 용역	52,240	3	2	1	1	1	1	4
1118	창원시설공단	터미널공영주차장 청소 용역	94,464	3	2	1	1	1	1	4
1119	창원시설공단	해양레포츠센터(진해, 마산)경비 용역	110,037	3	4	1	1	1	1	4
1120	창원시설공단	우리누리청소년문화센터청소 용역	254,077	3	4	1	7	1	1	4
1121	창원시설공단	마산국구센터청소 용역	240,743	3	4	1	7	1	1	4
1122	창원시설공단	진해국민체육센터청소 용역	235,993	3	4	1	7	1	1	4
1123	창원시설공단	교통사업관리소 (노외주차장) 청소 용역	38,113	3	4	1	7	1	1	4
1124	창원시설공단	해양레포츠센터(진해)청소 용역	32,375	3	4	1	7	1	1	4
1125	창원시설공단	북면생활학습관 전기안전관리대행 용역	3,396	1	4	1	7	1	1	4
1126	창원시설공단	어류생태학습관 전기안전관리대행 용역	3,732	1	4	1	7	1	1	4
1127	창원시설공단	마산화장장 전기안전관리대행 용역	3,732	1	4	1	7	1	1	4
1128	창원시설공단	시립테니스장 전기안전관리대행 용역	5,760	1	4	1	7	1	1	4
1129	창원시설공단	덕동성주차고지 전기안전관리대행 용역	4,860	1	4	1	7	1	1	4

순번	기관명	지출명(사업명)	2022년 예산 (단위:천원/1년간)	민간위탁 근거 1.법률에 규정 2.국고보조 재원(국가지정) 3.공공기관 필요에 따른 4.조례 등 지자체에서 명시 5.공공기관 내부규정 존재 6.국가 정책 및 제정사항 7.기타 8.해당없음	계약체결방법 (경쟁형태) 1.일반경쟁 2.제한경쟁 3.지명경쟁 4.수의계약 5.별정위탁 6.기타() 7.해당없음	계약기간 1.1년 2.2년 3.3년 4.4년 5.5년 6.기타()년 7.해당없음	낙찰자선정방법 1.적격심사 2.협상에의한계약 3.최저가낙찰 4.규격가격분리 5.2단계 경쟁입찰 6.기타() 7.해당없음	운영산 산정 1.내부산정 (기관 자체적으로 산정) 2.외부산정 (외부전문기관위탁 산정) 3.내외부 모두 산정 4.산정無 5.해당없음	정산방법 1.내부정산 (기관 내부으로 정산) 2.외부정산 (외부전문기관위탁 정산) 3.내외부 모두 산정 4.정산無 5.해당없음	성과평가 실시여부 1.실시 2.미실시 3.향후 추진 4.해당없음
1130	창원시설공단	용원국민체육센터 전기안전관리대행 용역	3,948	1	4	1	7	1	1	4
1131	창원시설공단	김해복지센터 전기안전관리대행 용역	7,212	1	4	1	7	1	1	4
1132	창원시설공단	진해국민체육센터 전기안전관리대행 용역	5,640	1	4	1	7	1	1	4
1133	창원시설공단	의창노인복지관 소방안전관리대행 용역	4,116	1	4	1	7	1	1	4
1134	창원시설공단	창원국제사격장 소방안전관리대행 용역	7,680	1	4	1	7	1	1	4
1135	창원시설공단	우리누리청소년문화센터 소방안전관리대행 용역	5,940	1	4	1	7	1	1	4
1136	창원시설공단	늘푸른전당 소방안전관리대행 용역	5,040	1	4	1	7	1	1	4
1137	창원시설공단	창원종합버스터미널 소방안전관리대행 용역	4,872	1	4	1	7	1	1	4
1138	창원시설공단	타워형 공영주차장 소방안전관리대행 용역	7,164	1	4	1	7	1	1	4
1139	창원시설공단	창원축구센터 소방안전관리대행 용역	8,856	1	4	1	7	1	1	4
1140	창원시설공단	창원스포츠파크 소방안전관리대행 용역	8,910	1	4	1	7	1	1	4
1141	창원시설공단	창원실내수영장 소방안전관리대행 용역	5,736	1	4	1	7	1	1	4
1142	창원시설공단	창원의창궁장 소방안전관리대행 용역	4,872	1	4	1	7	1	1	4
1143	창원시설공단	의창스포츠센터 소방안전관리대행 용역	5,076	1	4	1	7	1	1	4
1144	창원시설공단	진동종합복지관 소방안전관리대행 용역	4,308	1	4	1	7	1	1	4
1145	창원시설공단	김해복지센터 소방안전관리대행 용역	2,880	1	4	1	7	1	1	4
1146	창원시설공단	내서스포츠센터 소방안전관리대행 용역	5,460	1	4	1	7	1	1	4
1147	창원시설공단	마산스포츠센터 소방안전관리대행 용역	4,752	1	4	1	7	1	1	4
1148	창원시설공단	마산야구센터 소방안전관리대행 용역	8,160	1	4	1	7	1	1	4
1149	창원시설공단	양덕동 공영주차장 소방안전관리대행 용역	3,360	1	4	1	7	1	1	4
1150	창원시설공단	마산봉암당 소방안전관리대행 용역	2,892	1	4	1	7	1	1	4
1151	창원시설공단	성산스포츠센터 소방안전관리대행 용역	5,100	1	4	1	7	1	1	4
1152	창원시설공단	진해국민체육센터 소방안전관리대행 용역	4,944	1	4	1	7	1	1	4
1153	창원시설공단	덕동시내버스차고지 소방안전관리대행 용역	4,752	1	4	1	7	1	1	4
1154	창원시설공단	시민생활체육관 소방안전관리대행 용역	5,304	1	4	1	7	1	1	4
1155	창원시설공단	성산노인복지관 소방안전관리대행 용역	4,164	1	4	1	7	1	1	4
1156	창원시설공단	상복공원 소방안전관리대행 용역	5,544	1	4	1	7	1	1	4
1157	창원시설공단	해양공원관리소 소방안전관리대행 용역	8,388	1	4	1	7	1	1	4
1158	창원시설공단	마산합포노인복지관 소방안전관리대행 용역	3,984	1	4	1	7	1	1	4

순번	기관명	지출명(사업명)	2022년 예산 (단위:천원/1년간)	민간위탁 근거 1.법률에 규정 2.국고보조 재원(국가지정) 3.공공기관 필요에 따른 조례 등 지자체에서 명시 4.공공기관 내부규정 존재 5.국가 정책 및 재정사항 6.기타 7.해당없음	계약체결방법(경쟁형태) 1.일반경쟁 2.제한경쟁 3.지명경쟁 4.수의계약 5.변경입찰 6.기타() 7.해당없음	계약기간 1.1년 2.2년 3.3년 4.4년 5.5년 6.기타() 7.해당없음	낙찰자선정방법 1.적격심사 2.협상에의한계약 3.최저가낙찰제 4.규격가격분리 5.2단계 경쟁입찰 6.기타() 7.해당없음	운영예산 산정 1.내부산정(기관 자체적으로 산정) 2.외부산정(외부전문기관위탁 산정) 3.내·외부 모두 산정 4.산정無 5.해당없음	정산방법 1.내부정산(기관 내부적으로 정산) 2.외부정산(외부전문기관위탁 정산) 3.내·외부 모두 산정 4.정산無 5.해당없음	성과평가 실시여부 1.실시 2.미실시 3.향후 추진 4.해당없음
1159	창원시설공단	의창노인복지관 승강기유지보수 용역	3,552	1	4	1	7	1	1	4
1160	창원시설공단	마산아구찜타운 승강기유지보수 용역	7,200	1	4	1	7	1	1	4
1161	창원시설공단	시민생활체육관 승강기유지보수 용역	5,292	1	4	1	7	1	1	4
1162	창원시설공단	늘푸른진당 승강기유지보수 용역	3,216	1	4	1	7	1	1	4
1163	창원시설공단	우리누리청소년 승강기유지보수 용역	6,600	1	4	1	7	1	1	4
1164	창원시설공단	티마벨 공영주차장 승강기유지보수 용역	3,960	1	4	1	7	1	1	4
1165	창원시설공단	창원축구센터 승강기유지보수 용역	6,432	1	4	1	7	1	1	4
1166	창원시설공단	의창스포츠센터 승강기유지보수 용역	3,984	1	4	1	7	1	1	4
1167	창원시설공단	진해국민체육센터 승강기유지보수 용역	3,804	1	4	1	7	1	1	4
1168	창원시설공단	성북,마산진해봉암당 승강기유지보수 용역	16,303	1	2	1	3	1	1	4
1169	창원시설공단	창원국제사격장 승강기유지보수 용역	3,696	1	4	1	7	1	1	4
1170	창원시설공단	창원스포파크권리소 승강기유지보수 용역	3,636	1	2	1	3	1	1	4
1171	창원시설공단	해양공원관리소 승강기유지보수 용역	15,597	1	4	1	7	1	1	4
1172	창원시설공단	마산합포구센터 무인발권기유지보수 용역	3,960	1	4	1	7	1	1	4
1173	창원시설공단	시립테니스장 승강기유지보수 용역	4,488	1	4	1	7	1	1	4
1174	창원시설공단	시민생활체육관 무인발권기유지보수 용역	3,588	3	4	1	7	1	1	4
1175	창원시설공단	의창스포츠센터 무인발권기유지보수 용역	6,612	3	4	1	7	1	1	4
1176	창원시설공단	김계복지센터 무인발권기유지보수 용역	3,588	3	4	1	7	1	1	4
1177	창원시설공단	마산합포구센터 무인발권기유지보수 용역	4,200	3	4	1	7	1	1	4
1178	창원시설공단	진동종합복지관 무인발권기유지보수 용역	3,432	3	4	1	7	1	1	4
1179	창원시설공단	성산스포츠센터 무인발권기유지보수 용역	4,992	3	4	1	7	1	1	4
1180	창원시설공단	내서스포츠센터 무인발권기유지보수 용역	4,440	3	4	1	7	1	1	4
1181	창원시설공단	우리누리청소년문화센터 무인발권기유지보수 용역	4,800	3	4	1	7	1	1	4
1182	창원시설공단	마산아구구센터 무인방범 용역	5,832	3	4	1	7	1	1	4
1183	창원시설공단	우리누리청소년 무인방범 용역	4,752	3	4	1	7	1	1	4
1184	창원시설공단	창원국제사격장 무인방범 용역	3,528	3	4	1	7	1	1	4
1185	창원시설공단	해양공원관리소 무인방범 용역	3,804	3	4	1	7	1	1	4
1186	창원시설공단	의창노인복지관 무인방범 용역	3,000	3	4	1	7	1	1	4
1187	창원시설공단	마산합포노인복지관 무인방범 용역	3,600	3	4	1	7	1	1	4

순번	기관명	지출명(사업명)	2022년 예산 (단위:천원/1년간)	민간위탁 근거 (1.법률에 규정 2.국고보조 재원(국가지정) 3.공공기관 필요에 따른 4.조례 등 지자체에서 명시 5.공공기관 내부규정 존재 6.국가 정책 및 재정사항 7.기타 8.해당없음)	계약체결방법(경쟁형태) (1.일반경쟁 2.제한경쟁 3.지명경쟁 4.수의계약 5.변경위탁 6.기타() 7.해당없음)	입찰방식 계약기간 (1.1년 2.2년 3.3년 4.4년 5.5년 6.기타()년 7.해당없음)	낙찰자선정방법 (1.적격심사 2.협상에의한계약 3.최저가낙찰제 4.규격가격분리 5.2단계 경쟁입찰 6.기타() 7.해당없음)	운영예산 산정 (1.내부산정 2.외부산정 3.내.외부 모두 산정 4.산정 無 5.해당없음)	정산방법 (1.내부정산 2.외부정산 3.내.외부 모두 정산 4.정산 無 5.해당없음)	성과평가 실시여부 (1.실시 2.미실시 3.향후 추진 4.해당없음)
1188	창원시설공단	진동종합복지관 무인경비 용역	3,960	3	4	1	7	1	1	4
1189	창원시설공단	성산노인복지관 무인경비 용역	3,360	3	4	1	7	1	1	4
1190	창원시설공단	장사시설관리소 무인경비 용역	7,800	3	4	1	7	1	1	4
1191	창원시설공단	진해국민체육센터 무인경비 용역	4,320	3	4	1	7	1	1	4
1192	창원시설공단	창원축구센터 무인경비 용역	4,752	3	4	1	7	1	1	4
1193	창원시설공단	늘푸른전당 무인경비 용역	3,960,000	3	4	1	7	1	1	4
1194	창원시설공단	해양공원관리소 오수처리시설유지관리 용역	13,123,000	1	2	1	3	1	1	4
1195	창원시설공단	전산기기 및 주변기기 유지보수 용역	18,715,680	3	2	1	3	1	1	4
1196	창원시설공단	서버,네트워크장비 및 정보보안시스템 유지보수 용역	42,441,160	3	2	1	3	1	1	4
1197	창원시설공단	공단 홈페이지 유지보수 용역	13,726,000	3	4	1	3	1	1	4
1198	창원시설공단	정보화통합업무관리시스템 용역	23,964,000	3	4	1	7	1	1	4
1199	창원시설공단	전자결재 시스템 유지보수 용역	5,520,000	3	4	1	7	1	1	4
1200	창원시설공단	그린차(1768482) 용역	7,200,000	3	4	1	7	1	1	4
1201	창원시설공단	고문 위촉(변호사) 용역	3,960,000	3	4	1	7	1	1	4
1202	창원시설공단	고문 위촉(노무사) 용역	4,800,000	3	4	1	7	1	1	4
1203	창원시설공단	총기 및 화왕관리시스템 유지보수 용역	5,160,000	3	4	1	7	1	1	4
1204	창원시설공단	2022년 독서통신교육 용역	8,640,000	3	4	1	7	1	1	4
1205	창원시설공단	청렴자가학습 시스템 용역	8,180,000	3	4	1	7	1	1	4
1206	창원시설공단	용호주차타워 주차장치 관리(특화)	9,990,000	3	4	1	7	1	1	4
1207	창원시설공단	주차관제시스템 유지보수(시민주차장 외 4개소)	14,220,000	3	4	1	7	1	1	4
1208	창원시설공단	노외주차장 콜센터 위탁 용역	15,840,000	3	4	1	7	1	1	4
1209	창원시설공단	공영주차장 통합콜센터 위탁 용역	8,640,000	3	4	1	7	1	1	4
1210	창원시설공단	2022년 현안 종합구변 화분(조화류) 위탁관리	7,240,000	3	4	1	7	1	1	4
1211	창원시설공단	해양공원 유지교 사설로표지 위탁관리	7,212,000	3	4	1	7	1	1	4
1212	창원시설공단	교통약자특별교통수단 차량정비용역(창원권)	97,611	3	2	1	3	1	1	4
1213	창원시설공단	교통약자특별교통수단 차량정비용역(마산권)	97,794	3	2	1	3	1	1	4
1214	창원시설공단	교통약자특별교통수단 차량정비용역(진해권)	38,907,440	3	2	1	3	1	1	4
1215	창원시설공단	교통약자특별교통수단 단말기유지보수	44,940,000	3	4	1	7	1	1	4
1216	창원시설공단	의료폐기물 위탁처리(단가계약)	4,680,000	1	4	1	7	1	1	4

순번	기관명	지출명 (사업명)	2022년 예산 (단위:천원/1년간)	민간위탁 근거 1. 법률에 규정 2. 국고보조 재원(국가지정) 3. 공공기관 필요에 따른 4. 조례 등 지자체에서 명시 5. 공공기관 내부규정 존재 6. 국가 정책 및 재정사항 7. 기타 8. 해당없음	입찰방식			운영예산 산정		성과평가 실시여부
					계약체결방법 (경쟁형태) 1. 일반경쟁 2. 제한경쟁 3. 지명경쟁 4. 수의계약 5. 법정위탁 6. 기타 ( ) 7. 해당없음	계약기간 1. 1년 2. 2년 3. 3년 4. 4년 5. 5년 6. 기타 ( )년 7. 해당없음	낙찰자선정방법 1. 적격심사 2. 협상에의계약 3. 최저가낙찰 4. 규격가격분리 5. 2단계 경쟁입찰 6. 기타 ( ) 7. 해당없음	운영예산 산정 1. 내부산정 (기관 자체적으로 산정) 2. 외부산정 (외부전문기관위탁 산정) 3. 내·외부 모두 산정 4. 산정 無 5. 해당없음	정산방법 1. 내부정산 (기관 내부적으로 정산) 2. 외부정산 (외부전문기관위탁 정산) 3. 내·외부 모두 산정 4. 정산 無 5. 해당없음	1. 실시 2. 미실시 3. 향후 추진 4. 해당없음
1217	창원시설공단	장사시설 화장로 대기배출 지가 측정대행 위탁용역	87,100	3	2	1	1	1	1	4
1218	창원시설공단	음식물 쓰레기 위탁처리(단가계약)	14,479,700	1	2	1	3	1	1	4
1219	창원시설공단	상복공원 상례복 세탁(단가계약)	19,236,000	3	2	1	3	1	1	4
1220	창원시설공단	2022년 공연장 무대시설 유지관리 용역	6,270,000	3	4	1	7	1	1	4
1221	창원시설공단	차고지 세차장 정화조치위탁관리 용역	3,444,000	1	4	1	7	1	1	4
1222	창원시설공단	종합버스터미널 방제(일반,특수) 용역	5,772,000	3	4	1	7	1	1	4
1223	창원시설공단	덕동성주차고지 방제 용역	4,092,000	3	4	1	7	1	1	4
1224	창원시설공단	우리누리청소년문화센터 방역 용역	5,292,000	3	4	1	7	1	1	4
1225	창원시설공단	상복공원 방제 용역	6,874,400	3	4	1	7	1	1	4
1226	창원시설공단	늘푸른전당 방역, 방제 용역	6,408,000	3	4	1	7	1	1	4
1227	창원시설공단	시민생활체육관 방역 용역	4,221,000	3	4	1	7	1	1	4
1228	창원시설공단	창원축구센터 방역 용역	4,560,000	3	4	1	7	1	1	4
1229	창원시설공단	해양공원리스 방역 용역	6,000,000	3	4	1	7	1	1	4
1230	창원시설공단	늘푸른전당 외 2개소 CCTV 임차 용역	5,082,000	3	4	1	7	1	1	4
1231	창원시설공단	의창노인복지관 CCTV 임차 용역	4,104,000	3	4	1	7	1	1	4
1232	창원시설공단	성산노인복지관 CCTV 임차 용역	3,036,000	3	4	1	7	1	1	4
1233	창원시설공단	의창스포츠센터 CCTV 임차 용역	8,400,000	3	4	1	7	1	1	4
1234	창원시설공단	창원축구센터 CCTV 임차 용역	6,072,000	3	4	1	7	1	1	4
1235	창원시설공단	창원스포파크센터리스 CCTV 임차 용역	9,360,000	3	4	1	7	1	1	4
1236	창원시설공단	풀무전당 및 노외주차장 CCTV 임차 용역	7,680,000	3	4	1	7	1	1	4
1237	창원시설공단	장사시설관리소 CCTV 임차 용역	5,568,000	3	4	1	7	1	1	4
1238	창원시설공단	마산함포스포츠센터 CCTV 임차 용역	7,560,000	3	2	2	2	1	1	4
1239	창원시설공단	마산야구센터 CCTV 임차 용역	5,340,000	3	4	1	7	1	1	4
1240	창원시설공단	창원스포파크관리소 CCTV 임차 용역	6,000,000	3	4	1	7	1	1	4
1241	정주시시설관리공단	전산시스템 통합 유지보수	154,168	3	2	2	2	1	1	4
1242	코레일테크㈜	서울본부 객차비품 폐기물 위탁처리 용역	21,903	1	4	1	7	5	5	2
1243	코레일테크㈜	SR수서 각차 비품 폐기물 위탁처리 용역	12,000	1	4	1	7	5	5	2
1244	코레일테크㈜	SR수서 차량청소 폐기물 위탁처리 용역	82,410	1	2	1	1	5	5	2
1245	코레일테크㈜	대전역 폐기물 위탁처리 용역		1	2	1	1	5	5	2

순번	기관명	지출명 (사업명)	2022년 예산 (단위:천원/1년간)	민간위탁 근거 1.법률에 규정 2.국고보조 재원(국가지침) 3.공공기관 필요에 따른 내부 결정사항 4.조례 등 지자체에서 명시 5.공공기관 내부규정 존재 6.국가 정책 및 재정사항 7.기타 8.해당없음	계약체결방법 (경쟁형태) 1.일반경쟁 2.제한경쟁 3.지명경쟁 4.수의계약 5.발정위탁 6.기타() 7.해당없음	계약기간 1.1년 2.2년 3.3년 4.4년 5.5년 6.기타()년 7.해당없음	낙찰자선정방법 1.적격심사 2.협상에의계약 3.최저가낙찰제 4.규격가격리 5.2단계 경쟁입찰 6.기타() 7.해당없음	운영예산 산정 1.내부산정 (기관 자체적으로 산정) 2.외부산정 3.내외부전문기관위탁 산정 4.산정 無 5.해당없음	정산방법 1.내부정산 (기관 내부적으로 정산) 2.외부정산 (외부전문기관위탁 정산) 3.내외부 모두 산정 4.정산 無 5.해당없음	성과평가 실시여부 1.실시 2.미실시 3.향후 추진 4.해당없음
1246	코레일테크㈜	천안역 폐기물 위탁처리 용역		1	2	1	1	5	1	2
1247	코레일테크㈜	동대구역 및 대구역 폐기물 위탁처리 용역	373,650	1	2	1	1	5	1	2
1248	코레일테크㈜	포항역 폐기물 위탁처리 용역		1	2	1	1	5	1	2
1249	코레일테크㈜	광주송정역 폐기물 위탁처리 용역		1	2	1	1	5	1	2
1250	코레일테크㈜	목포역 폐기물 위탁처리 용역		1	2	1	1	5	1	2
1251	코레일테크㈜	부산역 폐기물 위탁처리 용역	550,000	1	4	2	7	5	1	2
1252	코레일테크㈜	영남권(부산) 차량청소 폐기물 위탁처리 용역		1	2	1	1	5	1	2
1253	코레일테크㈜	수도권 권역(SR제외) 차량청소 폐기물 위탁처리 용역	330,000	3	2	7	1	1	1	2
1254	코레일테크㈜	고속 및 일반차량 의자세탁 용역		7	2	1	2	1	1	2
1255	코레일테크㈜	IP교환기 유지관리 용역	96,164	7	4	1	3	1	1	2
1256	코레일테크㈜	무정전전원장치(UPS) 유지관리 용역	12,884	7	4	1	3	1	1	2
1257	코레일테크㈜	승강기 유지관리 용역	45,596	7	2	1	1	1	1	2
1258	코레일테크㈜	자동제어설비 유지관리 용역	28,700	7	2	1	6	1	1	2
1259	코레일테크㈜	중수처리시설 유지관리 용역	17,865	7	4	1	3	1	1	2
1260	코레일테크㈜	방역소독 용역	16,881	3	2	1	3	1	1	2
1261	코레일테크㈜	항온항습기 유지관리 용역	29,190	7	4	1	3	1	1	2
1262	코레일테크㈜	승강기 영상물 표시장치 유지관리 용역	8,739	7	4	6	3	1	1	2
1263	코레일테크㈜	역무청소 용역	57,919	7	4	1	1	1	1	2
1264	한국가스기술공사	그룹웨어시스템 유지보수	96,341	3	2	1	7	1	1	2
1265	한국가스기술공사	기록물관리시스템 유지보수	40,546	3	2	1	7	1	1	2
1266	한국가스기술공사	연구관리시스템 유지보수	18,260	3	4	1	7	1	1	2
1267	한국가스기술공사	프로젝트관리시스템(PMIS) 유지보수	68,970	3	2	1	1	1	1	2
1268	한국가스기술공사	종합기술자료관리시스템 유지보수	32,670	3	2	1	7	1	1	2
1269	한국가스기술공사	홈페이지시스템 유지보수	9,130	3	4	1	7	1	1	2
1270	한국가스기술공사	2021년 전산기기 통합유지보수 용역	1,147,585	3	2	2	2	1	1	1
1271	한국교육과정평가원	승강기 전문유지관리 위탁운영	8,105	3	4	1	7	1	1	4
1272	한국교육과정평가원	조경 전문유지관리 위탁운영	34,000	3	4	1	7	1	1	4
1273	한국교육과정평가원	청사 방역방제 및 화장실 전문유지관리 위탁운영	13,974	3	4	1	7	1	1	4
1274	한국교육과정평가원	전기설비안전점검 위탁운영	7,161	3	4	1	7	1	1	4

-44-

순번	기관명	지출명(사업명)	2022년 예산 (단위:천원/1년간)	민간위탁 근거 1.법률에 규정 2.국고보조 재원(국가지정) 3.공공기관 필요에 따른 내부 결정사항 4.조례 등 지자체에서 명시 5.공공기관 내부규정 존재 6.국가 정책 및 재정사항 7.기타 8.해당없음	계약체결방법 (경쟁형태) 1.일반경쟁 2.제한경쟁 3.지명경쟁 4.수의계약 5.별정위탁 6.기타() 7.해당없음	계약기간 1.1년 2.2년 3.3년 4.4년 5.5년 6.기타()년 7.해당없음	낙찰자선정방법 1.적격심사 2.협상에의계약 3.최저가낙찰제 4.규가재조정 5.2단계 경쟁입찰 6.기타() 7.해당없음	운영예산 선정 / 운영예산 선정 1.내부선정(기관 자체적으로 선정) 2.외부선정(외부전문기관에 선정) 3.내·외부 모두 선정 4.선정無 5.해당없음	정산방법 1.내부정산(기관 내부적으로 정산) 2.외부정산(외부전문기관에 정산) 3.내·외부 모두 선정 4.정산無 5.해당없음	성과평가 실시여부 1.실시 2.미실시 3.향후 추진 4.해당없음
1275	한국교육과정평가원	출입통제 및 CCTV 전문유지관리 위탁운영	7,480	3	4	1	7	1	1	4
1276	한국교육과정평가원	전화설비유지보수 위탁운영	5,940	3	4	1	7	1	1	4
1277	한국교육과정평가원	시스템에어컨 전문유지관리 위탁운영	14,040	3	4	1	7	1	1	4
1278	한국교육과정평가원	무정전전원장치(UPS) 전문유지관리 위탁운영	11,880	3	4	1	7	1	1	4
1279	한국교육학술정보원	0079에듀플센터 위탁운영	10,929,897	3	1	2	2	2	4	2
1280	한국교육학술정보원	2021년-2022년 한국교육학술정보원 정보시스템 위탁운영	4,740,457	3	1	2	2	1	4	2
1281	한국교육학술정보원	2022-23년도 교육부 사이버안전센터 운영 및 시스템 유지관리	4,194,900	3	1	2	2	1	4	2
1282	한국교육학술정보원	2022-2023년 교육행정중합센터 시스템 위탁운영	3,229,386	3	2	2	2	1	4	2
1283	한국교육학술정보원	202-23년도 교육부 행정전자서명인증센터 운영 사업계획(안)	1,447,000	3	2	2	2	1	4	2
1284	한국교육학술정보원	외부회계감사	52,171	1	2	3	2	1	4	2
1285	한국국제협력단	KOICA 해외 ODA 기업진출 지원센터 운영	780,000	3	7	7	7	7	7	4
1286	한국국제협력단	2021-2024 청년투자 전문기관을 통한 혁신적기술프로그램(CTS) 참여기업 역량 강	740,465	5	2	4	2	3	2	3
1287	한국국제협력단	CTS Seed 0 기획 및 운영 용역	547,690	3	1	6	2	1	2	1
1288	한국국제협력단	글로벌연수사업 협업s/w 사용	19,000	3	7	7	7	7	7	4
1289	한국국제협력단	사업비 회계정산	120,936	3	1	2	3	5	5	4
1290	한국국제협력단	사이버보안관제센터 운영	1,151,000	3	7	7	2	7	7	4
1291	한국국제협력단	직장어린이집 위탁운영	389,000	3	4	5	6	1	1	3
1292	한국국제협력단	연수센터 및 글로벌인재교육원 식당 위탁운영	1,078,060	3	4	3	6	1	1	3
1293	한국국제협력단	항공권 발권 여행업무 위탁운영	16,993,133	3	1	6	2	1	1	4
1294	한국국제협력단	시설보안 통합 위탁관리 용역	13,200	3	4	1	3	5	5	4
1295	한국국제협력단	KOICA 정보시스템 통합유지보수	1,872,000	3	2	3	2	1	1	1
1296	한국국제협력단	STEP-UP프로그램 개발 위탁 용역	365,927	2	1	3	2	1	2	2
1297	한국국제협력단	코이카 이노포트 프로그램 운영 용역	679,000	1	7	7	7	7	7	4
1298	한국국토정보공사	LX시설관리용역	6,957,000	5	4	7	7	1	1	1
1299	한국국토정보공사	직장어린이집 운영	420,000	3	2	5	1	1	1	1
1300	한국농어촌공사	삼악골지구 소규모농촌용수개발사업 이용로 등 실시설계 용역	34,900	1	1	1	1	4	7	4
1301	한국농어촌공사	횡성읍 농촌중심지활성화사업 세부설계 용역	150,000	1	7	7	7	7	7	4
1302	한국농어촌공사	춘천 경지정리구역 농업생산기반정비사업 실시설계 용역	70,000	1	7	7	7	7	7	4
1303	한국농어촌공사	홍천 환경순환형 가축분뇨공공처리시설 개량사업 실시설계용역	120,000	1	7	7	7	7	7	4

순번	기관명	지출명 (사업명)	2022년 예산 (단위:천원/1년간)	민간위탁 근거 1. 법률에 규정 2. 국고보조 재원(국가지정) 3. 공공기관 필요에 따른 내부 결정사항 4. 조례 등 지자체에서 명시 5. 공공기관 내부규정 존재 6. 국가 정책 및 재정사항 7. 기타 8. 해당없음	계약체결방법 (경쟁형태) 1. 일반경쟁 2. 제한경쟁 3. 지명경쟁 4. 수의계약 5. 법정위탁 6. 기타 ( ) 7. 해당없음	계약기간 1. 1년 2. 2년 3. 3년 4. 4년 5. 5년 6. 기타 ( )년 7. 해당없음	낙찰자선정방법 1. 적격심사 2. 협상에의한계약 3. 최저가낙찰제 4. 규격가격분리 5. 2단계 경쟁입찰 6. 기타 ( ) 7. 해당없음	운영예산 산정 1. 내부산정 (기관 자체적으로 산정) 2. 외부산정 (외부전문기관위탁 산정) 3. 내외부 모두 산정 4. 산정無 5. 해당없음	정산방법 1. 내부정산 (기관 내부적으로 정산) 2. 외부정산 (외부전문기관위탁 정산) 3. 내외부 모두 산정 4. 정산無 5. 해당없음	성과평가 실시여부 1. 실시 2. 미실시 3. 향후 추진 4. 해당없음
1304	한국농어촌공사	태극권여 주민교류센터 카페리모델링 세부설계	25,000	1	7	7	7	7	7	4
1305	한국농어촌공사	만산마을 농어촌취약지역 생활여건개조사업 세부설계 용역	620,000	1	7	7	7	7	7	4
1306	한국농어촌공사	홍천 서면 기초생활거점조성화사업 세부설계 용역	90,000	1	7	7	7	7	7	4
1307	한국농어촌공사	원주시 문막읍 농촌중심지활성화사업 세부설계 용역	120,000	1	7	7	7	7	7	4
1308	한국농어촌공사	영월군 주천면 농촌중심지활성화사업 세부설계 용역	120,000	1	7	7	7	7	7	4
1309	한국농어촌공사	영월군 한반도면 농촌중심지활성화사업 세부설계 용역	120,000	1	7	7	7	7	7	4
1310	한국농어촌공사	영월군 무릉도원면 기초생활거점조성사업 세부설계 용역	80,000	1	7	7	7	7	7	4
1311	한국농어촌공사	석모 및 볼음지구 마을하수도 정비사업 기본 및 실시설계 용역	183,357	1	1	1	1	4	7	4
1312	한국농어촌공사	창후항 어촌뉴딜사업 기본 및 실시설계 용역	21,450	1	1	1	1	4	7	4
1313	한국농어촌공사	고은항 어촌뉴딜사업 기본 및 실시설계 용역	16,250	1	1	1	1	4	7	4
1314	한국농어촌공사	행남국항 어촌뉴딜사업 기본 및 실시설계 용역	22,780	1	1	1	1	4	7	4
1315	한국농어촌공사	권관항 어촌뉴딜사업 기본 및 실시설계 용역	38,673	1	1	1	1	4	7	4
1316	한국농어촌공사	북내지구 다목적농촌용수개발사업 세부설계 용역	220,619	1	7	7	7	7	7	4
1317	한국농어촌공사	대연평 하수관로 정비사업 기본 및 실시설계 용역	451,421	1	7	7	7	7	7	4
1318	한국농어촌공사	원산면 기초생활거점육성사업 세부설계 용역	112,630	1	7	7	7	7	7	4
1319	한국농어촌공사	강화 외포항 어촌뉴딜사업 기본 및 실시설계 용역	1,100,000	1	7	7	7	7	7	4
1320	한국농어촌공사	성남포장 통양정화 기본설계용역	400,000	1	7	7	7	7	7	4
1321	한국농어촌공사	계원2리 취약지역생활여건개조사업 기본세부설계용역	90,000	1	7	7	7	7	7	4
1322	한국농어촌공사	갈문지구 마을만들기사업 기본세부설계용역	30,000	1	7	7	7	7	7	4
1323	한국농어촌공사	금문1리 취약지역생활여건개조사업 기본세부설계용역	70,000	1	7	7	7	7	7	4
1324	한국농어촌공사	하자포1리 취약지역생활여건개조사업 세부설계용역	70,000	1	7	7	7	7	7	4
1325	한국농어촌공사	포승읍 농촌중심지활성화사업, 체육시설 도시계획시설(변경)및 세부설계 용역	893,000	1	7	7	7	7	7	4
1326	한국농어촌공사	단월면 기초생활거점조성사업 세부설계 용역	95,000	1	7	7	7	7	7	4
1327	한국농어촌공사	개군면 기초생활거점조성사업 세부설계 용역	135,000	1	7	7	7	7	7	4
1328	한국농어촌공사	경기도 귀어귀촌종합지원센터 해양수산정책 홍보영상 제작	50,000	4	4	4	4	4	7	4
1329	한국농어촌공사	통영시 마리나 비즈센터 건립사업 토목 실시설계 용역	71,660	4	1	1	1	4	7	4
1330	한국농어촌공사	시화항 어촌뉴딜사업 실시설계 용역	438,000	4	1	1	1	4	7	4
1331	한국농어촌공사	영운항 어촌뉴딜사업 실시설계 용역	305,040	4	1	1	1	4	7	4
1332	한국농어촌공사	주진항 어촌뉴딜사업 실시설계 용역	391,248	4	1	1	1	4	7	4

순번	기관명	지출명 (사업명)	2022년 예산 (단위:천원/1년간)	민간위탁 근거 1. 법률에 규정 2. 국고보조 재원(국가지정) 3. 공공기관 필요에 따른 내부 결정사항 4. 조례 등 지자체에서 명시 5. 공공기관 내부규정 존재 6. 국가 정책 및 재정사정 7. 기타 8. 해당없음	입찰방식			운영예산 산정		성과평가 실시여부

					계약체결방법
					(경쟁형태)
					1. 일반경쟁
					2. 제한경쟁
					3. 지명경쟁
					4. 수의계약
					5. 변경입찰
					6. 기타( )
					7. 해당없음
						계약기간
						1. 1년
						2. 2년
						3. 3년
						4. 4년
						5. 5년
						6. 기타( )년
						7. 해당없음
							낙찰자선정방법
							1. 적격심사
							2. 협상에의한계약
							3. 최저가낙찰제
							4. 규격가격분리
							5. 2단계 경쟁입찰
							6. 기타( )
							7. 해당없음
								운영산정
								1. 내부산정
								   (기관 자체적으로 산정)
								2. 외부산정
								   (외부전문기관위탁 산정)
								3. 내·외부 모두 산정
								4. 산정 無
								5. 해당없음
									정산방법
									1. 내부정산
									   (기관 내부적으로 정산)
									2. 외부정산
									   (외부전문기관에 정산)
									3. 내·외부 모두 산정
									4. 정산 無
									5. 해당없음
										1. 실시
										2. 미실시
										3. 향후 추진
										4. 해당없음

1333	한국농어촌공사	도장포항 어촌뉴딜사업 실시설계 용역	309,750	4	6	1	1	4	7	4
1334	한국농어촌공사	울진 해양치유센터조성사업 설계 용역	734,525	1	6	1	1	4	7	4
1335	한국농어촌공사	신월리 기초생활거점조성사업 건축감리용역	12,000	1	7	7	7	7	7	4
1336	한국농어촌공사	중화지 생태공원 조성사업 건축공사 건축감리 용역	8,122	1	3	1	1	4	7	4
1337	한국농어촌공사	대가야 독창생활문화거점 및 금빛마을 어울림센터 조성사업 건축공사 감리 용역	29,000	1	7	7	7	7	7	4
1338	한국농어촌공사	양치 권역단위 거점개발사업 세부설계용역	100,000	1	7	7	7	7	7	4
1339	한국농어촌공사	연명권역단위 거점개발사업 세부설계용역	150,000	1	7	7	7	7	7	4
1340	한국농어촌공사	선촌권역단위 거점개발사업 세부설계용역	150,000	1	7	7	7	7	7	4
1341	한국농어촌공사	거제면 권역단위 거점개발사업 세부설계용역	157,000	1	7	7	7	7	7	4
1342	한국농어촌공사	용기마을 특화개발사업 건축감리용역	10,000	1	6	1	1	4	7	4
1343	한국농어촌공사	성송면 기초생활거점조성사업 건축설계용역	10,000	1	6	1	1	4	7	4
1344	한국농어촌공사	우두항 어촌뉴딜 특화사업 세부설계용역	39,841	2	1	7	7	4	7	4
1345	한국농어촌공사	고흥군 청년농촌보금자리 조성사업 건축공사 비상주감리용역	10,932	1	6	1	1	4	7	4
1346	한국농어촌공사	동양 울치 창조적마을만들기사업 건축공사감리용역	5,400	2	6	1	1	4	7	4
1347	한국농어촌공사	봉래권역 영춘어촌테마마을 조성사업 건축감리용역	12,950	2	6	1	1	4	7	4
1348	한국농어촌공사	독동지구 배수개선사업 전기공사 감리용역	28,839	1	3	7	7	4	7	4
1349	한국농어촌공사	탄전면 기초생활거점육성사업 세부설계 용역(2차년도)	10,000	1	1	1	1	4	7	4
1350	한국농어촌공사	사곡면 농촌중심지활성화사업 건축공사 감리용역	2,200	1	3	1	1	4	7	4
1351	한국농어촌공사	단천2리 마을만들기사업 기본 및 세부설계	50,000	1	7	7	7	7	7	4
1352	한국농어촌공사	목천2리 마을만들기사업 기본 및 세부설계	50,000	1	7	7	7	7	7	4
1353	한국농어촌공사	의당면 기초생활거점육성사업 세부설계	300,000	1	7	7	7	7	7	4
1354	한국농어촌공사	소수면 행정복지센터 설계의도 구현용역	1,742	1	6	1	1	4	7	4
1355	한국농어촌공사	소수면 농촌중심지활성화사업 건축공사 감리용역	10,000	1	6	1	1	4	7	4
1356	한국농어촌공사	광의면 기초생활거점 조성사업 건축공사 감리용역	9,570	1	6	1	1	4	7	4
1357	한국농어촌공사	문척면농촌중심지 활성화사업 건축감리 용역	20,000	1	7	7	7	7	7	4
1358	한국농어촌공사	구성면 기초생활거점육성지 활성화사업 세부설계 용역(2차년도-2021년)	117,000	1	1	1	1	4	7	4
1359	한국농어촌공사	누리시스템 유지관리 용역	350,000	1	7	7	7	7	7	4
1360	한국농어촌공사	충북 황간면 농촌중심지활성화사업 설계VE 리딩용역	22,000	1	7	7	7	4	7	4
1361	한국농어촌공사	전북 석담지구 배수개선사업 설계VE 리딩용역	22,000	1	7	7	7	7	7	4

순번	기관명	지출명 (사업명)	2022년 예산 (단위:천원/1년간)	민간위탁 근거 1. 법률에 규정 2. 국고보조 재원(국가지정) 3. 공공기관 필요에 따른 조례 등 지자체에서 명시 4. 공공기관 내부규정 존재 5. 국가 정책 및 지정사항 6. 기타 7. 해당없음	계약체결방법 (경쟁형태) 1. 일반경쟁 2. 제한경쟁 3. 지명경쟁 4. 수의계약 5. 협정위탁 6. 기타 7. 해당없음	입찰방식 계약기간 1.1년 2.2년 3.3년 4.4년 5.5년 6.기타()년 7.해당없음	낙찰자선정방법 1. 적격심사 2. 협상에의한계약 3. 최저가낙찰제 4. 규격가관리 5. 2단계 경쟁입찰 6. 기타() 7. 해당없음	운영예산 산정 운영예산 산정 1. 내부산정(기관 자체로 산정) 2. 외부산정(외부전문기관위탁 산정) 3. 내외부 모두 산정 4. 산정無 5. 해당없음	정산방법 1. 내부정산(기관 내부적으로 정산) 2. 외부정산(외부전문기관위탁 정산) 3. 내외부 모두 산정 4. 정산無 5. 해당없음	성과평가 실시여부 1. 실시 2. 미실시 3. 향후 추진 4. 해당없음
1362	한국농어촌공사	전북 하정지구 및 운암지구 재해대비 개보수 설계VE 리딩용역	46,000	1	7	7	7	7	7	4
1363	한국농어촌공사	전북 난봉지구 및 평령지구 배수개선사업 설계VE 리딩용역	46,000	1	7	7	7	7	7	4
1364	한국농어촌공사	KRC토목설계시스템 재구축 용역	500,000	1	7	7	7	7	7	4
1365	한국농어촌공사	전북 낭산지구 및 성장지구 농촌용수개발사업 설계VE 리딩용역	46,000	1	7	7	7	7	7	4
1366	한국농어촌공사	경북 장기지구 농촌용수개발사업 설계VE 리딩용역	22,000	1	7	7	7	7	7	4
1367	한국농어촌공사	수리수문설계프로그램(K-HAS) 유지관리 용역	28,600	1	7	7	7	7	7	4
1368	한국농어촌공사	충북 오창읍 농촌중심지활성화사업 설계VE 리딩용역	22,000	1	7	7	7	7	7	4
1369	한국농어촌공사	경북 용포지구 농촌용수개발사업 설계VE 리딩용역	22,000	1	7	7	7	7	7	4
1370	한국농어촌공사	김해시 농촌테마공원조성사업 세부설계 용역	147,932	1	1	1	1	4	7	4
1371	한국농어촌공사	상동권역 청조마을만들기사업 도요문화센터 B구존인증 설계용역	5,370	1	6	1	1	4	7	4
1372	한국농어촌공사	하북면 농촌중심지활성화사업 세부설계(H/W) 용역	47,606	1	1	1	1	4	7	4
1373	한국농어촌공사	아영면 기초생활거점사업 건축감리 용역	6,835	1	6	1	1	4	7	4
1374	한국농어촌공사	송동면 기초생활거점조성사업 세부설계 용역	110,000	1	7	7	7	7	7	4
1375	한국농어촌공사	논산 내동지역역량개건진단조사사업 세부설계 용역	85,000	1	7	7	7	7	7	4
1376	한국농어촌공사	스마트농업 복합단지조성사업 공공건축 건축기획 및 설계공모 용역	200,000	2	7	7	7	7	7	4
1377	한국농어촌공사	논산 스마트농업 복합단지조성사업 지원관리사 건축기획 및 세부설계용역	95,000	1	7	7	7	7	7	4
1378	한국농어촌공사	스마일재능뱅크 시스템 유지관리용	20,000	2	7	7	7	7	7	4
1379	한국농어촌공사	농지정보시스템 유지관리 용역	330,780	1	2	7	7	4	7	4
1380	한국농어촌공사	농지연금 장기재정추계 모형 설계	40,000	1	7	7	7	7	7	4
1381	한국농어촌공사	대엄지구 수리시설개보수사업 세부설계 용역	85,000	2	7	7	7	7	7	4
1382	한국농어촌공사	박곡지구 수리시설개보수사업 세부설계 용역	80,000	2	7	7	7	7	7	4
1383	한국농어촌공사	22년 담성군정비사업 세부설계 용역	35,000	1	7	7	7	7	7	4
1384	한국농어촌공사	부동지구 수리시설개보수사업 세부설계 용역	80,000	1	7	7	7	7	7	4
1385	한국농어촌공사	면천면 농촌중심지활성화사업 건축공사 건축감리 용역	5,000	1	6	1	1	4	7	4
1386	한국농어촌공사	우강면 기초생활거점조성사업 건축감리용역	12,000	1	6	1	1	4	7	4
1387	한국농어촌공사	대초지구 기초생활거점조성사업 건축감리용역	1,700	1	6	1	1	4	7	4
1388	한국농어촌공사	면천면 농촌중심지활성화 활력바라지 복지회관 소방공사 감리용역	9,000	1	6	1	1	4	7	4
1389	한국농어촌공사	영산강IV지구 1-3공구 설계 경제성검토 용역	30,000	1	7	7	7	7	7	4
1390	한국농어촌공사	영산강IV지구 1-3공구 설계 안전성평가 용역	30,000	1	7	7	7	7	7	4

순번	기관명	지출명 (사업명)	2022년 예산 (단위:천원/1년간)	민간위탁 근거	입찰방식 계약체결방법 (경쟁형태)	입찰방식 계약기간	입찰방식 낙찰자선정방법	운영예산 산정 운영예산 산정	운영예산 산정 정산방법	성과평가 실시여부
1391	한국농어촌공사	영산강Ⅳ지구 3·2공구 설계 경제성검토 용역	30,000	1	7	7	7	7	7	4
1392	한국농어촌공사	백구면 기초생활거점 조성사업 세부설계 용역	42,016	1	6	1	1	4	7	4
1393	한국농어촌공사	동향면 기초생활거점조성사업 세부설계 용역	50,000	1	6	1	1	4	7	4
1394	한국농어촌공사	진안읍 농촌중심지 활성화사업 사통플랫센터 건축감리 용역	23,529	1	6	1	1	4	7	4
1395	한국농어촌공사	무풍면 농촌중심지 활성화사업 소방감리 용역	3,344	1	6	1	1	4	7	4
1396	한국농어촌공사	용담면 농촌중심지 활성화사업 건축감리 용역	10,000	1	6	1	1	4	7	4
1397	한국농어촌공사	천천면 농촌중심지 활성화사업 건축감리 용역	10,000	1	6	1	1	4	7	4
1398	한국농어촌공사	무풍면 농촌중심지 활성화사업 어울림은누리관 건축감리 용역	7,361	1	6	1	1	4	7	4
1399	한국농어촌공사	동향면 기초생활거점조성사업 건축감리 용역	13,000	1	7	7	7	4	7	4
1400	한국농어촌공사	영동편의개보수 경진3 세부설계 용역	70,000	1	7	1	1	4	7	4
1401	한국농어촌공사	마성면 기초생활거점육성사업 건축공사 감리용역 2차년도	14,006	1	6	1	1	4	7	4
1402	한국농어촌공사	마성면 기초생활거점육성사업 소방공사 감리용역	11,934	1	6	1	1	4	7	4
1403	한국농어촌공사	신읍면 간이양수장 설치사업 세부설계 용역	20,328	1	7	1	1	7	7	4
1404	한국농어촌공사	울란면 농촌중심지활성화사업 건축공사 감리용역	7,792	1	6	1	1	4	7	4
1405	한국농어촌공사	삼승면 기초생활거점육성사업 건축공사 감리용역	9,544	1	6	1	1	4	7	4
1406	한국농어촌공사	수한지구 다목적농촌용수개발사업 임도 시공감리용역	6,374	2	6	1	1	4	7	4
1407	한국농어촌공사	속리산면 농촌중심지활성화사업 행복센터 건축공사 감리 용역	12,520	1	6	1	1	4	7	4
1408	한국농어촌공사	양산2지구 대구획 경지정리사업 세부설계 용역	36,341	1	7	7	7	7	7	4
1409	한국농어촌공사	부안군 황포작양양 이촌누길300사업 세부설계용역	279,000	1	7	7	7	7	7	4
1410	한국농어촌공사	가덕리 외 1개리 마을만들기사업 기본 및 세부설계 용역(2021년)	9,585	1	1	1	1	4	7	4
1411	한국농어촌공사	세도면 농촌중심지활성화사업 세부설계 용역(2021년)	17,624	1	1	1	1	4	7	4
1412	한국농어촌공사	양화면 농촌중심지활성화사업 건축공사 감리용역	12,000	1	6	1	1	4	7	4
1413	한국농어촌공사	용현면 농촌중심지활성화사업 건축공사 감리용역	1,162	1	6	1	1	4	7	4
1414	한국농어촌공사	화동면 기초생활거점조성사업 건축공사 감리용역	5,410	2	6	1	1	4	7	4
1415	한국농어촌공사	안룡지구 수리시설개보수사업 세부설계용역	50,000	1	7	7	7	7	7	4
1416	한국농어촌공사	영천동 농촌중심지활성화사업 생태체험 마을학교 조성 세부설계 용역	37,755	4	1	1	1	4	7	4
1417	한국농어촌공사	영천동 농촌중심지활성화사업 서주영/약초원 문화공간 조성 세부설계 용역	15,616	4	7	7	7	7	7	4
1418	한국농어촌공사	영천동 농촌중심지활성화사업 복합문화 창작공간 조성 세부설계 용역	28,138	4	7	7	7	7	7	4
1419	한국농어촌공사	남원읍 농촌중심지활성화사업 다목적 노인센터 세부설계용역	132,746	4	7	7	7	7	7	4

순번	기관명	지출명(사업명)	2022년 예산 (단위:천원/1년간)	민간위탁 근거 (1.법률에 규정 2.국고보조 재원사업 3.공공기관 필요에 따른 내부 결정사항 4.조례 등 지자체에서 명시 5.공공기관 자체사업 훈령 6.국가 정책 및 재정사항 7.기타 8.해당없음)	계약체결방법(경쟁형태) (1.일반경쟁 2.제한경쟁 3.지명경쟁 4.수의계약 5.변경위탁 6.기타() 7.해당없음)	계약기간 (1.1년 2.2년 3.3년 4.4년 5.5년 6.기타()년 7.해당없음)	낙찰자선정방법 (1.적격심사 2.협상에의한계약 3.최저가낙찰제 4.규격가격분리 5.2단계 경쟁입찰 6.기타() 7.해당없음)	운영예산 산정 (1.내부산정(기관 자체적으로 산정) 2.외부산정 3.내외부 모두 산정 4.산정無 5.해당없음)	정산방법 (1.내부정산(기관 내부적으로 정산) 2.외부정산 3.내외부 모두 산정 4.정산無 5.해당없음)	성과평가 실시여부 (1.실시 2.미실시 3.향후 추진 4.해당없음)
1420	한국농어촌공사	신천항 어촌뉴딜300사업 청정해산물마켓 및 바다예네문화예술센터 조성 세부설계	315,000	4	7	7	7	7	7	4
1421	한국농어촌공사	서귀포시 신활력돌리사업 가공센터 세부설계	86,837	4	7	7	7	7	7	4
1422	한국농어촌공사	시흥리 마을단위특화개발사업 심문체험센터 세부설계용역	54,000	4	7	7	7	7	7	4
1423	한국농어촌공사	안덕면 농촌중심지활성화사업 혼디내일센터 리모델링 조성 세부설계 용역	51,461	4	7	7	7	7	7	4
1424	한국농어촌공사	무릉2리 제주다음복원사업 인향동호관 정비 및 지역경관개선 세부설계용역	15,281	4	7	7	7	7	7	4
1425	한국농어촌공사	한동리 마을단위특화개발사업 마을관광복합센터 조성 세부설계	45,000	4	7	7	7	7	7	4
1426	한국농어촌공사	안덕면 농촌중심지활성화사업 혼디가마당 조성 세부설계 용역	62,711	4	7	7	7	7	7	4
1427	한국농어촌공사	대림리 마을단위특화개발사업 건축부분 감리용역	15,000	4	7	7	7	7	7	4
1428	한국농어촌공사	채석포지역 저정생활권 건축부분 감리용역	6,300	1	3	1	1	4	7	4
1429	한국농어촌공사	화양면 기초생활가정 육성사업 건축감리 용역	10,000	4	1	1	1	4	7	4
1430	한국농어촌공사	판교2리 마을돌아기사업 기본계획 및 세부설계 용역	40,000	4	7	7	7	7	7	4
1431	한국농어촌공사	수룡경승지권역 단위종합정비사업 건축감리용역(2차년도)	6,549	1	6	1	1	4	7	4
1432	한국농어촌공사	제원면 농촌중심지활성화사업 건축공사 감리용역	9,000	4	6	1	1	7	7	4
1433	한국농어촌공사	복수면 기초생활거점조성사업 세부설계	90,000	1	7	7	7	7	7	4
1434	한국농어촌공사	중산 마을만들기 자율개발사업(그린리모델링) 세부설계 용역	20,000	1	7	7	7	7	7	4
1435	한국농어촌공사	청주 마을만들기 자율개발사업(그린리모델링) 세부설계 용역	20,000	1	7	7	7	7	7	4
1436	한국농어촌공사	용내 마을만들기 자율개발사업(그린리모델링) 세부설계 용역	20,000	1	7	7	7	7	7	4
1437	한국농어촌공사	전원 마을만들기 자율개발사업(그린리모델링) 세부설계 용역	20,000	1	7	7	7	7	7	4
1438	한국농어촌공사	동진 마을만들기 자율개발사업(그린리모델링) 세부설계 용역	20,000	1	7	7	7	7	7	4
1439	한국농어촌공사	귀미1리 농어촌 취약지역생활여건개조사업 세부설계 용역	60,000	1	7	7	7	7	7	4
1440	한국농어촌공사	건첵농지 관리시스템 유지관리 용역	42,526	1	7	7	7	7	7	4
1441	한국농어촌공사	00저수지외이0개소 정밀안전진단 및 정밀안전점검 용역(10억이상)-1	1,218,289	1	7	7	7	7	7	4
1442	한국농어촌공사	00저수지외이0개소 정밀안전진단 및 정밀안전점검 용역(10억이상)-2	1,148,857	1	7	7	7	7	7	4
1443	한국농어촌공사	00저수지외이0개소 정밀안전진단 및 정밀안전점검 용역(10억이상)-3	1,126,700	1	7	7	7	7	7	4
1444	한국농어촌공사	00저수지외이0개소 정밀안전진단 및 정밀안전점검 용역(10억이상)-4	1,110,000	1	7	7	7	7	7	4
1445	한국농어촌공사	00저수지외이0개소 정밀안전진단 및 정밀안전점검 용역(10억이상)-5	1,099,600	1	7	7	7	7	7	4
1446	한국농어촌공사	00저수지외이0개소 정밀안전진단 및 정밀안전점검 용역(10억이상)-6	1,087,250	1	7	7	7	7	7	4
1447	한국농어촌공사	00저수지외이0개소 정밀안전진단 및 정밀안전점검 용역(10억이상)-7	1,054,894	1	7	7	7	7	7	4
1448	한국농어촌공사	00저수지외이0개소 정밀안전진단 및 정밀안전점검 용역(10억이상)-8	1,067,300	1	7	7	7	7	7	4

순번	기관명	지출명 (사업명)	2022년 예산 (단위:천원/1년간)	민간위탁 근거 1. 법률에 규정 2. 국고보조 재원(국가지정) 3. 공공기관 필요에 따른 4. 조례 등 지자체에서 명시 5. 공공기관 내부규정 존재 6. 국가 정책 및 재정사항 7. 기타 8. 해당없음	입찰방식 계약체결방법 (경쟁형태) 1. 일반경쟁 2. 제한경쟁 3. 지명경쟁 4. 수의계약 5. 병정위탁 6. 기타 ( ) 7. 해당없음	계약기간 1. 1년 2. 2년 3. 3년 4. 4년 5. 5년 6. 기타 ( )년 7. 해당없음	낙찰자선정방법 1. 적격심사 2. 협상에의한계약 3. 최저가낙찰제 4. 규격가격분리 5. 2단계 경쟁입찰 6. 기타 ( ) 7. 해당없음	운영예산 산정 1. 내부산정 (기관 자체적으로 산정) 2. 외부산정 (외부전문기관위탁 산정) 3. 내·외부 모두 산정 4. 산정無 5. 해당없음	정산방법 1. 내부정산 (기관 내부적으로 정산) 2. 외부정산 (외부전문기관위탁 정산) 3. 내·외부 모두 산정 4. 정산無 5. 해당없음	성과평가 실시여부 1. 실시 2. 미실시 3. 향후 추진 4. 해당없음
1449	한국농어촌공사	OO저수지외 0개소 정밀안전진단 및 정밀안전점검 용역(10억이상)-9	1,035,110	1	7	7	7	7	7	4
1450	한국농어촌공사	OO저수지외 0개소 정밀안전진단 및 정밀안전점검 용역(10억이상)-10	1,021,829	1	7	7	7	7	7	4
1451	한국농어촌공사	OO저수지외 0개소 정밀안전진단 및 정밀안전점검 용역(10억이상)-11	1,022,380	1	7	7	7	7	7	4
1452	한국농어촌공사	OO저수지외 0개소 정밀안전진단 및 정밀안전점검 용역(10억이상)-12	1,040,820	1	7	7	7	7	7	4
1453	한국농어촌공사	OO저수지외 0개소 정밀안전진단 및 정밀안전점검 용역(10억이상)-13	1,012,494	1	7	7	7	7	7	4
1454	한국농어촌공사	OO저수지외 0개소 정밀안전진단 및 정밀안전점검 용역(1억미만)-1	96,664	1	7	7	7	7	7	4
1455	한국농어촌공사	OO저수지외 0개소 정밀안전진단 및 정밀안전점검 용역(1억미만)-2	96,701	1	7	7	7	7	7	4
1456	한국농어촌공사	OO저수지외 0개소 정밀안전진단 및 정밀안전점검 용역(1억미만)-3	96,546	1	7	7	7	7	7	4
1457	한국농어촌공사	OO저수지외 0개소 정밀안전진단 및 정밀안전점검 용역(1억미만)-4	96,148	1	7	7	7	7	7	4
1458	한국농어촌공사	OO저수지외 0개소 정밀안전진단 및 정밀안전점검 용역(1억미만)-5	95,374	1	7	7	7	7	7	4
1459	한국농어촌공사	OO저수지외 0개소 정밀안전진단 및 정밀안전점검 용역(1억미만)-6	95,668	1	7	7	7	7	7	4
1460	한국농어촌공사	OO저수지외 0개소 정밀안전진단 및 정밀안전점검 용역(1억미만)-7	94,747	1	7	7	7	7	7	4
1461	한국농어촌공사	OO저수지외 0개소 정밀안전진단 및 정밀안전점검 용역(1억미만)-8	95,119	1	7	7	7	7	7	4
1462	한국농어촌공사	OO저수지외 0개소 정밀안전진단 및 정밀안전점검 용역(1억미만)-9	93,592	1	7	7	7	7	7	4
1463	한국농어촌공사	OO저수지외 0개소 정밀안전진단 및 정밀안전점검 용역(1억미만)-10	93,349	1	7	7	7	7	7	4
1464	한국농어촌공사	OO저수지외 0개소 정밀안전진단 및 정밀안전점검 용역(1억미만)-11	93,804	1	7	7	7	7	7	4
1465	한국농어촌공사	OO저수지외 0개소 정밀안전진단 및 정밀안전점검 용역(1억미만)-12	93,299	1	7	7	7	7	7	4
1466	한국농어촌공사	OO저수지외 0개소 정밀안전진단 및 정밀안전점검 용역(1억미만)-13	93,377	1	7	7	7	7	7	4
1467	한국농어촌공사	OO저수지외 0개소 정밀안전진단 및 정밀안전점검 용역(1억미만)-14	92,862	1	7	7	7	7	7	4
1468	한국농어촌공사	OO저수지외 0개소 정밀안전진단 및 정밀안전점검 용역(1억미만)-15	91,600	1	7	7	7	7	7	4
1469	한국농어촌공사	OO저수지외 0개소 정밀안전진단 및 정밀안전점검 용역(1억미만)-16	90,238	1	7	7	7	7	7	4
1470	한국농어촌공사	OO저수지외 0개소 정밀안전진단 및 정밀안전점검 용역(1억미만)-17	89,801	1	7	7	7	7	7	4
1471	한국농어촌공사	OO저수지외 0개소 정밀안전진단 및 정밀안전점검 용역(1억미만)-18	90,607	1	7	7	7	7	7	4
1472	한국농어촌공사	OO저수지외 0개소 정밀안전진단 및 정밀안전점검 용역(1억미만)-19	89,441	1	7	7	7	7	7	4
1473	한국농어촌공사	OO저수지외 0개소 정밀안전진단 및 정밀안전점검 용역(1억미만)-20	88,154	1	7	7	7	7	7	4
1474	한국농어촌공사	OO저수지외 0개소 정밀안전진단 및 정밀안전점검 용역(5억미만)-1	228,422	1	7	7	7	7	7	4
1475	한국농어촌공사	OO저수지외 0개소 정밀안전진단 및 정밀안전점검 용역(5억미만)-2	223,032	1	7	7	7	7	7	4
1476	한국농어촌공사	OO저수지외 0개소 정밀안전진단 및 정밀안전점검 용역(5억미만)-3	218,568	1	7	7	7	7	7	4
1477	한국농어촌공사	OO저수지외 0개소 정밀안전진단 및 정밀안전점검 용역(5억미만)-4	212,219	1	7	7	7	7	7	4

순번	기관명	지출명(사업명)	2022년 예산 (단위:천원/1년간)	민간위탁 근거 1.법률에 규정 2.국고보조 재원(국가지정) 3.공공기관 필요에 따른 내부 결정사항 4.조례 등 지자체에서 명시 5.공공기관 내부규정 존재 6.국가 정책 및 재정상 7.기타 8.해당없음	계약체결방법(경쟁형태) 1.일반경쟁 2.제한경쟁 3.지명경쟁 4.수의계약 5.법정위탁 6.기타 ( ) 7.해당없음	계약기간 1.1년 2.2년 3.3년 4.4년 5.5년 6.기타 ( )년 7.해당없음	낙찰자선정방법 1.적격심사 2.협상에의한계약 3.최저가낙찰제 4.규격가격분리 5.2단계 경쟁입찰 6.기타 7.해당없음	운영예산 산정 1.내부산정(기관 자체적으로 산정) 2.외부산정 3.내외부 모두 산정 4.산정 無 5.해당없음	정산방법 1.내부정산(기관 내부적으로 정산) 2.외부정산(외부전문기관위탁 정산) 3.내외부 모두 산정 4.정산 無 5.해당없음	성과평가 실시여부 1.실시 2.미실시 3.향후 추진 4.해당없음
1478	한국농어촌공사	OO저수지외0개소 정밀안전진단 및 정밀안전점검 용역(5억미만)-5	209,610	1	7	7	7	7	7	4
1479	한국농어촌공사	OO저수지외0개소 정밀안전진단 및 정밀안전점검 용역(5억미만)-6	203,179	1	7	7	7	7	7	4
1480	한국농어촌공사	옥천면 농촌중심지활성화사업과 맏을풀두름농촌가꾸기사업 기본계획 및 세부설계용	40,000	1	1	1	1	4	7	4
1481	한국농어촌공사	2022년 국가어도정보시스템 유지관리	100,000	1	7	7	7	7	7	4
1482	한국농어촌공사	동산1리 마을만들기사업 기본계획 및 세부설계 용역	9,362	1	1	1	1	4	7	4
1483	한국농어촌공사	월포2리 마을만들기사업 기본계획 및 세부설계 용역	13,941	1	1	1	1	4	7	4
1484	한국농어촌공사	장전4리 마을만들기사업 기본계획 및 세부설계 용역	6,947	1	1	1	1	4	7	4
1485	한국농어촌공사	가남 태평문화공원 조성사업 소방공사 감리용역(농촌중심지)	12,638	1	1	1	1	4	7	4
1486	한국농어촌공사	가남 태평문화공원 조성사업 소방공사 감리용역(체육센터)	11,322	1	1	1	1	4	7	4
1487	한국농어촌공사	점동면 공공청사 복합건립사업 감리(건축, 전기, 통신)용역	60,000	1	1	1	1	4	7	4
1488	한국농어촌공사	점동면 공공청사 복합건립사업 소방공사 감리 용역	9,960	1	6	1	1	4	7	4
1489	한국농어촌공사	가평읍 농촌중심지활성화사업 북면소통센터 소방전기 감리 용역	17,781	1	6	1	1	4	7	4
1490	한국농어촌공사	가평읍 농촌중심지활성화사업 북면소통센터 건축기계 감리 용역	13,797	1	6	1	1	4	7	4
1491	한국농어촌공사	영광읍 황토구영어민마을 취약지역생활여건개조사업 마스터플랜 및 세부설계 용역	195,472	2	1	1	1	4	7	4
1492	한국농어촌공사	대마면 농촌중심지활성화사업 건축공사 감리용역-2021년도분	25,130	2	6	1	1	4	7	4
1493	한국농어촌공사	대마면 농촌중심지활성화사업 소방공사감리 용역	7,000	1	6	1	1	4	7	4
1494	한국농어촌공사	송이도항 이촌뉴딜300사업 창고시설 건축공사 건축감리 용역	4,000	2	6	1	1	4	7	4
1495	한국농어촌공사	신월지구 배수개선사업 전기공사 감리용역	10,465	2	6	1	1	4	7	4
1496	한국농어촌공사	영광 참보리 신활력플러스 실시설계 용역	98,000	2	7	7	7	7	7	4
1497	한국농어촌공사	화수2리, 대덕리 취약지역 생활여건개조사업 세부설계용역	30,778	1	1	1	1	4	7	4
1498	한국농어촌공사	소월리 취약지역 생활여건개조사업 기본 및 세부설계 용역	23,670	2	1	1	1	4	7	4
1499	한국농어촌공사	석호항 이촌뉴딜300사업 건축공사 감리용역	7,000	1	6	1	1	4	7	4
1500	한국농어촌공사	병곡면 농촌중심지활성화사업 세부설계 용역	124,000	1	7	7	7	7	7	4
1501	한국농어촌공사	영신도IV지구 5-2공구 소방감리용역	1,286	2	6	1	1	4	7	4
1502	한국농어촌공사	백1리 마을만들기사업 기본계획 및 세부설계 용역	13,064	2	6	1	1	4	7	4
1503	한국농어촌공사	이산지구 배수개선사업 세부설계 용역	50,000	2	1	1	1	4	7	4
1504	한국농어촌공사	등자리 재해위험저수지 정비사업 세부설계 용역	18,240	2	6	1	1	4	7	4
1505	한국농어촌공사	재산면 기초생활거점조성사업 세부설계 용역	161,200	1	7	7	7	7	7	4
1506	한국농어촌공사	신월지구 수리시설개보수사업 세부설계 용역	70,000	2	1	1	1	4	7	4

순번	기관명	지출명 (사업명)	2022년 예산 (단위:천원/1년간)	민간위탁 근거 1. 법률에 규정 2. 국고보조 재원(국가지정) 3. 공공기관 필요에 따른 내부 결정사항 4. 조례 등 지자체에서 명시 5. 공공기관 내부규정 존재 6. 국가 정책 및 제정사항 7. 기타 8. 해당없음	계약체결방법(경쟁형태) 1. 일반경쟁 2. 제한경쟁 3. 지명경쟁 4. 수의계약 5. 법정위탁 6. 기타 ( ) 7. 해당없음	계약기간 1. 1년 2. 2년 3. 3년 4. 4년 5. 5년 6. 기타 (1년) 7. 해당없음	낙찰자선정방법 1. 적격심사 2. 협상에의한계약 3. 최저가낙찰제 4. 규격가격분리 5. 2단계 경쟁입찰 6. 기타 ( ) 7. 해당없음	운영예산 산정 1. 내부산정 (기관 자체적으로 산정) 2. 외부산정 (외부전문기관위탁 산정) 3. 내·외부 모두 산정 4. 산정 無 5. 해당없음	정산방법 1. 내부정산 (기관 내부적으로 정산) 2. 외부정산 (외부전문기관위탁 정산) 3. 내·외부 모두 산정 4. 정산 無 5. 해당없음	성과평가 실시여부 1. 실시 2. 미실시 3. 향후 추진 4. 해당없음
1507	한국농어촌공사	신냉면 기초생활거점조성사업 세부설계용역	110,000	1	7	7	7	7	7	4
1508	한국농어촌공사	마전1리 새뜰마을사업 기본 및 세부설계 용역	20,000	1	1	1	1	4	7	4
1509	한국농어촌공사	사석리 마을만들기사업 건축감리 용역	1,230	1	6	1	1	4	7	4
1510	한국농어촌공사	대술면 농촌중심지활성화사업 건축감리 용역	12,580	1	6	1	1	4	7	4
1511	한국농어촌공사	무봉리 마을만들기사업 건축감리 용역	2,696	1	6	1	1	4	7	4
1512	한국농어촌공사	금리 새뜰마을사업 기본계획 및 세부설계 용역	18,326	1	6	1	1	4	7	4
1513	한국농어촌공사	선2리 새뜰마을사업 기본계획 및 세부설계 용역	20,810	1	6	1	1	4	7	4
1514	한국농어촌공사	개포면 기초생활거점조성사업 세부설계 용역	58,700	1	6	1	1	4	7	4
1515	한국농어촌공사	감천면 기초생활거점조성사업 세부설계 용역	56,847	1	6	1	1	4	7	4
1516	한국농어촌공사	당사·이룡항 어촌뉴딜사업 실시설계 용역	515,538	1	1	1	1	4	7	4
1517	한국농어촌공사	당사이룡항 어촌뉴딜300사업 커뮤니티센터 세부설계용역	72,255	1	1	1	7	7	7	4
1518	한국농어촌공사	정선 신동읍 안경다리 새뜰마을사업 건축감리 용역	3,982	1	6	1	1	4	7	4
1519	한국농어촌공사	정선 유천2리 마을만들기사업 건축감리 용역	2,000	1	6	1	1	4	7	4
1520	한국농어촌공사	양덕지구 수리시설개보수사업 건설사업관리(감리) 용역	30,504	1	1	1	1	4	7	4
1521	한국농어촌공사	생극면 기초생활거점육성사업 건축감리 용역	10,000	1	6	1	1	4	7	4
1522	한국농어촌공사	오천예천구 수리시설개보수사업 세부설계용역	70,000	2	1	1	1	4	7	4
1523	한국농어촌공사	용덕면 농촌중심지활성화사업 소방감리용역	8,000	2	6	1	1	4	7	4
1524	한국농어촌공사	용덕면 농촌중심지활성화사업 건축감리용역	12,000	2	6	1	1	4	7	4
1525	한국농어촌공사	의령읍 농촌중심지활성화사업 건축감리용역	5,850	2	6	1	1	4	7	4
1526	한국농어촌공사	군북면 농촌중심지활성화사업 건축감리용역	14,685	2	6	1	1	4	7	4
1527	한국농어촌공사	정곡면 농촌중심지활성화사업 건축공사 감리 용역	5,000	1	6	1	1	4	7	4
1528	한국농어촌공사	생송지구 양수장시설개선사업 세부설계 용역	199,039	1	7	7	7	7	7	4
1529	한국농어촌공사	낙양지구 양수장시설개선사업 세부설계 용역	157,469	1	7	7	7	7	7	4
1530	한국농어촌공사	한국농어촌공사 익산지사 사옥신축 건축감리용역	5,000	1	6	1	1	4	7	4
1531	한국농어촌공사	한국농어촌공사 익산지사 사옥신축 소방감리용역	2,451	1	6	1	1	4	7	4
1532	한국농어촌공사	원격교육시스템 유지관리 및 운영	37,136	1	2	1	1	4	7	4
1533	한국농어촌공사	종담지구 배수개선사업 세부설계 용역	208,232	1	7	7	7	7	7	4
1534	한국농어촌공사	진도군 모사항 어촌뉴딜 공통사업 기본 및 실시설계 수립 용역	350,000	1	7	7	7	4	7	4
1535	한국농어촌공사	무안군 장세항 어촌뉴딜 공통사업 기본 및 실시설계 수립 용역	350,000	1	7	7	7	7	7	4

순번	기관명	지출명(사업명)	2022년 예산 (단위:천원/1년간)	민간위탁 근거 1. 법률에 규정 2. 국고보조 재원(국가지정) 3. 공공기관 재원에 따른 내부 결정사항 4. 조례 등 지자체에서 명시 5. 공공기관 내부규정 존재 6. 국가 정책 및 제정사항 7. 기타 8. 해당없음	입찰방식 계약체결방법(경쟁형태) 1. 일반경쟁 2. 제한경쟁 3. 지명경쟁 4. 수의계약 5. 변경위탁 6. 기타 7. 해당없음	입찰방식 계약기간 1. 1년 2. 2년 3. 3년 4. 4년 5. 5년 6. 기타 ( )년 7. 해당없음	낙찰자선정방법 1. 적격심사 2. 협상에의한계약 3. 최저가낙찰제 4. 규격가격분리 5. 2단계 경쟁입찰 6. 기타 ( ) 7. 해당없음	운영예산 산정 운영예산산정 1. 내부산정(기관 자체적으로 산정) 2. 외부산정(외부전문기관위탁 산정) 3. 내/외부 모두 산정 4. 산정 無 5. 해당없음	운영예산 산정 정산방법 1. 내부정산(기관 내부적으로 정산) 2. 외부정산(외부전문기관위탁 정산) 3. 내/외부 모두 산정 4. 정산 無 5. 해당없음	성과평가 실시여부 1. 실시 2. 미실시 3. 향후 추진 4. 해당없음
1536	한국농어촌공사	고흥군 신기항 어촌뉴딜 공통사업 기본 및 실시설계 수립 용역	350,000	1	7	7	7	7	7	4
1537	한국농어촌공사	22년 여수권역 친환경에너지보급사업 세부설계 용역	22,660	1	7	7	7	7	7	4
1538	한국농어촌공사	22년 고흥권역 친환경에너지보급사업 세부설계 용역	35,321	1	7	7	7	7	7	4
1539	한국농어촌공사	22년 장흥권역 친환경에너지보급사업 세부설계 용역	35,596	1	7	7	7	7	7	4
1540	한국농어촌공사	22년 무안신안권역 친환경에너지보급사업 세부설계 용역	40,381	1	7	7	7	7	7	4
1541	한국농어촌공사	22년 진도권역 친환경에너지보급사업 세부설계 용역	27,709	1	7	7	7	7	7	4
1542	한국농어촌공사	22년 해남완도권역 친환경에너지보급사업 세부설계 용역	284,768	1	7	7	7	7	7	4
1543	한국농어촌공사	김제시 인공습지조성사업(반교리) 기본 및 실시설계용역	68,600	1	1	1	1	4	7	4
1544	한국농어촌공사	김제시 인공습지조성사업(오정동) 기본 및 실시설계용역	30,860	1	1	1	1	4	7	4
1545	한국농어촌공사	광승항 어촌뉴딜300사업 어항SOC분야 기본 및 실시설계 용역	152,040	1	1	1	1	4	7	4
1546	한국농어촌공사	나포면 기초생활거점사업 건축설계 용역	67,861	1	6	1	1	4	7	4
1547	한국농어촌공사	옥서면 기초생활거점사업 및 면청사 건립사업 건축설계 용역	126,139	1	6	1	1	4	7	4
1548	한국농어촌공사	수철용공1제 재해위험저수지정비사업 세부설계 용역	58,670	1	1	1	1	4	7	4
1549	한국농어촌공사	점동제 금곡제 재해위험저수지정비사업 세부설계용역	39,890	1	1	1	1	4	7	4
1550	한국농어촌공사	노봉제 수동제 재해위험저수지정비사업 세부설계용역	65,310	1	1	1	1	4	7	4
1551	한국농어촌공사	광승항 어촌뉴딜사업 건축 실시설계 용역	19,167	1	6	1	1	4	7	4
1552	한국농어촌공사	모항항 어촌뉴딜사업 건축 실시설계 용역	11,177	1	6	1	1	4	7	4
1553	한국농어촌공사	곰소항 어촌뉴딜사업 토목 실시설계 용역	20,312	1	6	1	1	4	7	4
1554	한국농어촌공사	장자도항 어촌뉴딜사업 토목 실시설계 용역	52,405	1	6	1	1	4	7	4
1555	한국농어촌공사	순창군 농촌테마공원(치유농업)조성사업 건축설계 용역	390,000	2	1	1	1	4	7	4
1556	한국농어촌공사	월신지구 수리공개보수사업 세부설계용역	78,430	1	1	1	1	4	7	4
1557	한국농어촌공사	원신비지구 수리공개보수사업 세부설계용역	80,510	1	1	1	1	4	7	4
1558	한국농어촌공사	연백지구 수리공개보수사업 세부설계용역	85,460	1	1	1	1	4	7	4
1559	한국농어촌공사	고창지구 수리공개보수사업 세부설계용역	80,810	1	1	1	1	4	7	4
1560	한국농어촌공사	우천지구 수리공개보수사업 세부설계용역	80,110	1	1	1	1	4	7	4
1561	한국농어촌공사	금천지구 수리공개보수사업 세부설계용역	71,690	1	1	1	1	4	7	4
1562	한국농어촌공사	부안지구 수리공개보수사업 세부설계용역	80,040	1	1	1	1	4	7	4
1563	한국농어촌공사	중리지구 수리공개보수사업 세부설계용역	81,100	1	1	1	1	4	7	4
1564	한국농어촌공사	소양면 농촌중심지활성화사업 건축감리용역	16,158	2	6	1	1	4	7	4

-54-

순번	기관명	지출명(사업명)	2022년 예산 (단위:천원/1년간)	민간위탁 근거	계약체결방법 (경쟁형태)	계약기간	낙찰자선정방법	운영예산 선정	정산방법	성과평가 실시여부
				1. 법률에 규정 2. 국고보조재원(국가지정) 3. 공공기관 필요에 의한 조례 등 지자체에서 명시 4. 공공기관 내부규정 존재 5. 국가 정책 및 재정사항 6. 기타 7. 해당없음	1. 일반경쟁 2. 제한경쟁 3. 지명경쟁 4. 수의계약 5. 법정위탁 6. 기타( ) 7. 해당없음	1. 1년 2. 2년 3. 3년 4. 4년 5. 5년 6. 기타( )년 7. 해당없음	1. 적격심사 2. 협상에의한계약 3. 최저가낙찰제 4. 규격가절리 5. 2단계 경쟁입찰 6. 기타( ) 7. 해당없음	1. 내부선정 (기관 자체적으로 선정) 2. 외부선정 (외부전문기관위탁 선정) 3. 내·외부 모두 선정 4. 선정 無 5. 해당없음	1. 내부정산 (기관 내부적으로 정산) 2. 외부정산 (외부전문기관위탁 정산) 3. 내·외부 모두 선정 4. 정산 無 5. 해당없음	1. 실시 2. 미실시 3. 향후 추진 4. 해당없음
1565	한국농어촌공사	소양면 농촌중심지활성화사업 소방감리용역	5,149	2	6	1	1	4	7	4
1566	한국농어촌공사	성주면 기초생활거점조성사업 건축설계용역	230,000	2	7	7	7	7	7	4
1567	한국농어촌공사	화산면 기초생활거점사업 세부설계 용역	137,381	2	7	7	7	7	7	4
1568	한국농어촌공사	원편마을 아름다운주거 경관개선사업 기본설계 및 세부설계 용역	39,430	1	1	1	1	4	7	4
1569	한국농어촌공사	구저권역 자동화시스템 유지관리	52,000	1	7	7	7	7	7	4
1570	한국농어촌공사	농업용수 누수율 모니터링 시스템 유지관리	50,000	1	7	7	7	7	7	4
1571	한국농어촌공사	2022년 농산어촌지역개발 공간정보시스템 유지관리 용역	400,000	1	7	7	7	4	7	4
1572	한국농어촌공사	신촌지구 농어촌 취약지역 생활여건 기초사업 세부설계 용역	35,477	1	1	1	1	4	7	4
1573	한국농어촌공사	산청읍 농촌중심지활성화사업(1단계) 건축 감리용역	17,000	1	6	1	1	4	7	4
1574	한국농어촌공사	대곡면 농촌중심지활성화사업 세부설계 용역	10,110	1	6	1	1	4	7	4
1575	한국농어촌공사	유어면 기초생활거점육성사업 세부설계 용역	50,800	1	6	1	1	4	7	4
1576	한국농어촌공사	소사리 충남형 마을만들기사업 건축공사 감리용역	2,000	1	6	1	1	4	7	4
1577	한국농어촌공사	천장얼프스 관광인프라 확충사업 세부설계용역	129,552	2	1	1	1	4	7	4
1578	한국농어촌공사	장평면 농촌중심지활성화사업 건축공사 감리 용역	3,418	2	6	1	1	4	7	4
1579	한국농어촌공사	독면 기초생활거점육성사업 세부설계용역	92,738	1	7	7	7	7	7	4
1580	한국농어촌공사	내수읍 도시재조성사업 기본계획 및 세부설계 용역	60,000	1	1	1	1	4	7	4
1581	한국농어촌공사	군리항 어촌뉴딜300사업 실시설계용역(해양부분)	53,000	1	1	1	1	4	7	4
1582	한국농어촌공사	송림항 어촌뉴딜300사업 실시설계용역(해양토목)	100,000	1	1	1	1	4	7	4
1583	한국농어촌공사	군리항 어촌뉴딜300사업 실시설계용역(토목조경)	74,000	1	1	1	1	4	7	4
1584	한국농어촌공사	송림항 어촌뉴딜300사업 실시설계용역(해양토목)	100,000	1	1	1	1	4	7	4
1585	한국농어촌공사	구도항 어촌뉴딜300사업 실시설계용역(해양토목)	317,000	1	1	1	1	4	7	4
1586	한국농어촌공사	금산군 부리, 수영2, 제원지구 마을하수도정비사업 기본 및 세부설계 용역	322,000	1	1	1	1	4	7	4
1587	한국농어촌공사	송림항 어촌뉴딜300사업 건축설계용역(송곳돌어울림센터)	32,000	1	1	1	1	4	7	4
1588	한국농어촌공사	송림항 어촌뉴딜300사업 건축설계용역(유두도 주민복합커뮤니티센터)	44,000	1	1	1	1	4	7	4
1589	한국농어촌공사	군리항 어촌뉴딜300사업 건축설계용역	64,000	1	1	1	1	4	7	4
1590	한국농어촌공사	구도항 어촌뉴딜300사업 건축설계용역	50,000	1	1	1	1	4	7	4
1591	한국농어촌공사	왜목항 어촌뉴딜300사업 실시설계용역	330,000	1	1	1	1	4	7	4
1592	한국농어촌공사	구월지구 자연재해위험개선지구 정비사업 기본 및 세부설계 용역	100,000	1	1	1	1	4	7	4
1593	한국농어촌공사	바이오 및 임대형 스마트팜 조성사업 기본 및 세부설계 용역	842,506	1	1	1	1	4	7	4

순번	기관명	지출명 (사업명)	2022년 예산 (단위:천원/1년간)	민간위탁 근거 1.법률에 규정 2.국고보조 재원(국가지정) 3.공공기관 필요에 따른 내부 결정사항 4.조례 등 지자체에서 명시 5.공공기관 내부규정 존재 6.국가 정책 및 지정사항 7.기타 8.해당없음	계약체결방법 (경쟁형태) 1.일반경쟁 2.제한경쟁 3.지명경쟁 4.수의계약 5.변경위탁 6.기타 7.해당없음	계약기간 1.1년 2.2년 3.3년 4.4년 5.5년 6.기타( )년 7.해당없음	낙찰자선정방법 1.적격심사 2.협상에의한계약 3.최저가낙찰제 4.규격가격리 5.2단계 경쟁입찰 6.기타( ) 7.해당없음	운영예산 산정 1.내부산정 (기관 자체적으로 산정) 2.외부산정 (외부전문기관위탁 산정) 3.내·외부 모두 산정 4.산정無 5.해당없음	정산방법 1.내부정산 (기관 내부적으로 정산) 2.외부정산 (외부전문기관위탁 정산) 3.내·외부 모두 산정 4.정산無 5.해당없음	성과평가 실시여부 1.실시 2.미실시 3.향후 추진 4.해당없음
1594	한국농어촌공사	감곡면 기초생활거점조성사업 세부설계 용역	96,000	1	7	7	7	7	7	4
1595	한국농어촌공사	오청읍 농촌중심지활성화사업 기본 및 실시설계용역(복합문화센터)	350,000	1	7	7	7	7	7	4
1596	한국농어촌공사	안내면 기초생활거점조성사업 세부설계 용역	85,000	1	7	7	7	7	7	4
1597	한국농어촌공사	군북면 기초생활거점조성사업 건축부문 세부설계 용역	40,000	1	7	7	7	7	7	4
1598	한국농어촌공사	군북면 기초생활거점조성사업 세부설계 용역	20,000	1	7	7	7	7	7	4
1599	한국농어촌공사	고명리 농어촌취약지역생활여건개조사업 기본계획 및 세부설계 용역	16,218	1	1	1	7	4	7	4
1600	한국농어촌공사	신천1리 농어촌취약지역생활여건개조사업 기본계획 및 세부설계 용역	16,644	1	1	1	7	4	7	4
1601	한국농어촌공사	봉양읍 농촌중심지활성화사업 복합문화복지센터 건축감리용역	12,340	2	6	1	1	4	7	4
1602	한국농어촌공사	금성면 농촌중심지활성화사업 복지문화센터 건축감리용역	6,000	2	6	1	1	4	7	4
1603	한국농어촌공사	농진청 등 종전부동산 1지구 도시계발사업 조사·설계(8차년도)	702,133	1	1	1	1	4	7	4
1604	한국농어촌공사	농진청 등 종전부동산 6지구 도시계발사업 조사·설계(8차년도)	224,714	1	1	1	1	4	7	4
1605	한국농어촌공사	농진청 등 종전부동산 서초·고색2지구 도시계획시설사업 기본 및 실시설계 용역(5차	49,000	1	1	1	1	4	7	4
1606	한국농어촌공사	호파곶권역 거점개발사업 건축감리용역	14,326	2	3	1	1	4	7	4
1607	한국농어촌공사	대송면 농촌중심지활성화사업 세부설계용역	100,000	1	7	7	7	7	7	4
1608	한국농어촌공사	진래면 농촌중심지활성화사업(영생학습관 외 6종) 세부설계 용역	89,000	1	1	1	1	4	7	4
1609	한국농어촌공사	약양면 농촌중심지활성화사업 소다새복합문화관 소방감리용역	5,000	1	6	1	1	4	7	4
1610	한국농어촌공사	약양면 농촌중심지활성화사업 소다새복합문화관 건축감리용역	15,000	1	6	1	1	4	7	4
1611	한국농어촌공사	복천면 기초생활거점조성사업 세부설계 용역	106,851	2	7	7	7	7	7	4
1612	한국농어촌공사	미조권역단위 거점개발사업 세부설계 용역	170,000	1	7	7	7	7	7	4
1613	한국농어촌공사	노구마을 취약지역생활여건개조사업 세부설계 용역	41,603	1	7	7	7	7	7	4
1614	한국농어촌공사	옥천마을 취약지역생활여건개조사업 세부설계 용역	41,603	1	7	7	7	7	7	4
1615	한국농어촌공사	고정면 기초생활거점조성사업 세부설계 용역	100,000	1	7	7	7	7	7	4
1616	한국농어촌공사	운남지구 수리시설개수보수사업 세부설계 용역	77,800	1	1	1	1	4	7	4
1617	한국농어촌공사	남수면 기초생활거점조성사업 소방감리	15,000	2	7	7	7	7	7	4
1618	한국농어촌공사	월아면 기초생활거점조성사업 세부설계 용역	105,000	1	7	7	7	7	7	4
1619	한국농어촌공사	해보 하모운 농디마을 취약지역생활여건개조사업 세부설계 용역	32,000	1	7	7	7	7	7	4
1620	한국농어촌공사	쌍책면 농촌다움복원사업 세부설계 용역(2차년도)	6,754	2	1	1	1	4	7	4
1621	한국농어촌공사	이책권역 창조적마을만들기사업 건축감리 용역	6,075	2	6	1	1	4	7	4
1622	한국농어촌공사	낙진권역 창조마을만들기사업 건축감리 용역(1차년도)	6,075	2	6	1	1	4	7	4

순번	기관명	지출명 (사업명)	2022년 예산 (단위:천원/1년간)	민간위탁 근거 1.법률에 규정 2.국고보조 재원(국가지정) 3.공공기관 필요에 따른 내부 결정사항 4.조례 등 지자체에서 명시 5.공공기관 내부규정 존재 6.국가 정책 및 재정사항 7.기타 8.해당없음	계약체결방법 (경쟁형태) 1.일반경쟁 2.제한경쟁 3.지명경쟁 4.수의계약 5.병정위탁 6.기타() 7.해당없음	계약기간 1.1년 2.2년 3.3년 4.4년 5.5년 6.기타(1년 7.해당없음	낙찰자선정방법 1.적격심사 2.협상에의한계약 3.최저가낙찰제 4.규격가격분리 5.2단계 경쟁입찰 6.기타() 7.해당없음	운영예산 산정 1.내부산정 (기관 자체적으로 산정) 2.외부산정 (외부전문기관위탁 산정) 3.내·외부 모두 산정 4.산정無 5.해당없음	정산방법 1.내부정산 (기관 내부적으로 정산) 2.외부정산 (외부전문기관위탁 정산) 3.내·외부 모두 산정 4.정산無 5.해당없음	성과평가 실시여부 1.실시 2.미실시 3.향후 추진 4.해당없음
1623	한국농어촌공사	홍정지구 취약지역생활여건개조사업 세부설계	40,000	2	7	7	7	7	7	4
1624	한국농어촌공사	대현지구 취약지역생활여건개조사업 세부설계	40,000	2	7	7	7	7	7	4
1625	한국농어촌공사	2021년 송지면 농촌중심지활성화사업 건축공사 감리용역(2차년도)	12,140	1	6	1	1	4	7	4
1626	한국농어촌공사	2021년 송지면 농촌중심지활성화사업 소방공사 감리용역(2차년도)	4,170	1	6	1	1	4	7	4
1627	한국농어촌공사	성산항 어촌뉴딜 특화사업 건축공사감리용역	22,000	1	7	7	7	7	7	4
1628	한국농어촌공사	결성면 취약지역생활여건개조사업 실시설계	40,000	1	7	7	7	7	7	4
1629	한국농어촌공사	홍천 양덕원천 인공습지(비점오염 저감시설)조성사업 기본조사 및 실시설계 용역	120,399	1	6	1	1	4	7	4
1630	한국농어촌공사	홍천 동물리 마을만들기사업 건축감리 용역	3,322	1	6	1	1	4	7	4
1631	한국농어촌공사	홍천 홍암2리 마을만들기사업 건축감리 용역	5,000	1	6	1	1	4	7	4
1632	한국농어촌공사	자연습지 인허가시설 기본 및 실시설계 용역	15,788	1	6	1	1	4	7	4
1633	한국농어촌공사	재해예방계측 관리시스템 유지관리 용역	70,000	1	7	7	7	7	7	4
1634	한국농어촌공사	농업용 저수지 통합수질관리시스템 유지관리	200,000	1	7	7	7	7	7	4
1635	한국디자인진흥원	2022년 정보시스템 통합유지보수 위탁운영 용역	469,920	3	2	1	2	1	1	4
1636	한국무역보험공사	어린이집 운영	28,800	1	4	5	6	2	2	2
1637	한국무역보험공사	고객센터 위탁운영	386,486	5	1	2	2	2	1	1
1638	한국방송통신전파진흥원	어린이집 운영	315,000	7	4	5	6	3	3	1
1639	한국방송통신전파진흥원	정보시스템 유지관리 및 운영지원	1,120,000	3	2	3	2	2	1	4
1640	한국법무보호복지공단	공단 정보시스템 통합 유지관리 사업	215,335	3	2	1	2	1	1	4
1641	한국법무보호복지공단	공단 네트워크 퍼류어 유지관리 사업	19,958	3	4	1	6	1	1	4
1642	한국법무보호복지공단	공단 표준정보보시스템 유지관리 사업	29,703	3	4	1	6	1	1	4
1643	한국보건산업진흥원	정보화 거버넌스 체계 구축 및 정보시스템 운영	2,237,400	1	2	1	2	3	4	4
1644	한국보건산업진흥원	서울바이오허브 홍보	52,000	6	2	7	2	3	4	4
1645	한국보훈복지의료공단	중앙보훈병원 린넨류 세탁	943,000	1	2	1	1	1	1	2
1646	한국보훈복지의료공단	대전보훈병원 린넨류 세탁	269,300	1	2	1	1	1	1	1
1647	한국보훈복지의료공단	대전보훈병원 구급차 위탁용역	90,134	1	4	1	7	1	1	2
1648	한국보훈복지의료공단	부산보훈병원 순환버스 운전기사 파견용역	120,310	1	2	1	7	1	1	2
1649	한국보훈복지의료공단	광주보훈병원 셔틀버스 임차용역	154,241	1	2	1	7	1	1	2
1650	한국보훈복지의료공단	대구보훈병원 순환버스 운전기사 파견용역	118,005	1	4	1	7	1	1	2
1651	한국보훈복지의료공단	대전보훈병원 셔틀버스 임차용역	6,324	1	2	1	7	1	1	2

순번	기관명	지출명(사업명)	2022년 예산 (단위:천원/1년간)	민간위탁 근거	계약체결방법 (경쟁형태)	계약기간	낙찰자선정방법	운영예산 산정	정산방법	성과평가 실시여부
				1. 법률에 규정 2. 국고보조 재원(국가지정) 3. 공공기관 필요에 따른 내부 결정사항 4. 조례 등 지자체에서 명시 5. 공공기관 내부규정 존재 6. 국가 정책 및 재정사항 7. 기타 8. 해당없음	1. 일반경쟁 2. 제한경쟁 3. 지명경쟁 4. 수의계약 5. 변경위탁 6. 기타 ( ) 7. 해당없음	1. 1년 2. 2년 3. 3년 4. 4년 5. 5년 6. 기타 ( )년 7. 해당없음	1. 적격심사 2. 협상에의한계약 3. 최저가낙찰제 4. 규격가격분리 5. 2단계 경쟁입찰 6. 기타 ( ) 7. 해당없음	1. 내부산정 (기관 자체적으로 산정) 2. 외부산정 (외부전문기관위탁 산정) 3. 내·외부 모두 산정 4. 산정 無 5. 해당없음	1. 내부정산 (기관 내부적으로 정산) 2. 외부정산 (외부전문기관위탁 정산) 3. 내·외부 모두 산정 4. 정산 無 5. 해당없음	1. 실시 2. 미실시 3. 향후 추진 4. 해당없음
1652	한국보훈복지의료공단	보훈재활체육센터 순환버스 운전기사 파견용역	46,764	1	4	1	7	1	1	2
1653	한국보훈복지의료공단	부산보훈병원 구급차 위탁용역	28,693	1	2	1	1	1	1	2
1654	한국보훈복지의료공단	광주보훈병원 구급차 위탁용역	94,681	1	2	1	1	1	1	2
1655	한국보훈복지의료공단	중앙보훈병원 승강기 유지보수 용역	212,650	1	2	1	1	1	4	2
1656	한국보훈복지의료공단	보훈병원 통합의료정보시스템 어플리케이션 유지관리 용역	3,655,000	1	2	2	2	1	1	2
1657	한국보훈복지의료공단	보훈공단 전산장비 통합유지관리 용역	3,080,778	1	2	2	2	1	1	1
1658	한국보훈복지의료공단	보훈병원 콜센터 위탁용역	1,947,483	1	2	1	2	1	1	4
1659	한국산업기술시험원	산업융합문화기반조성및신융합부 주둔운영	6,583,000	1	5	1	7	1	2	4
1660	한국산업안전보건공단	시설물관리	102,000	1	4	3	7	1	5	1
1661	한국산업안전보건공단	근로자건강센터 운영	20,450,000	1	6	2	2	1	1	1
1662	한국산업인력공단	어린이집 운영	215,568	1	1	2	1	1	4	4
1663	한국산업인력공단	자격정보시스템 응용프로그램 유지관리 용역 사업	494,282	1	2	2	7	1	1	4
1664	한국산업인력공단	CBT 정보시스템 응용프로그램 유지관리 용역 사업	177,100	1	2	2	7	1	1	4
1665	한국산업인력공단	CQ-Net 정보시스템 응용프로그램 유지관리 용역 사업	424,876	1	2	2	2	1	1	4
1666	한국산업인력공단	문자 및 알림톡 메시지 발송 대행 서비스 용역 사업	79,041	1	6	2	5	1	1	4
1667	한국산업인력공단	국가자격시험 단안카드 판독유지관리 용역 사업	65,635	1	2	2	2	1	1	4
1668	한국산업인력공단	응용프로그램 통합유지관리 용역	863,500	1	2	2	7	1	1	4
1669	한국산업인력공단	월드잡플러스 응용프로그램 유지관리 용역	518,976	1	2	2	7	1	1	4
1670	한국성화수도협회	청사 청소 및 시설관리	180,000	3	4	1	6	1	1	1
1671	한국서부발전	발전설비 경상정비공사	151,718	3	4	1	7	1	1	1
1672	한국서부발전	발전설비 경상정비공사	151,718	3	4	1	7	1	1	1
1673	한국서부발전	발전설비 경상정비공사	151,718	3	2	1	1	1	1	1
1674	한국서부발전	발전설비 경상정비공사	151,718	3	2	3	1	1	1	1
1675	한국서부발전	발전설비 경상정비공사	151,718	3	2	3	1	1	1	1
1676	한국서부발전	발전설비 경상정비공사	151,718	3	2	2	1	1	1	1
1677	한국서부발전	유연탄 하역 용역	11,760,802	1	4	6	7	5	1	2
1678	한국수목원관리원	2022년 전산시스템 통합유지관리	604,751	2	1	6	2	7	7	4
1679	한국수목원관리원	2022년 국립백두대간수목원 종자영구저장시설(공조시스템) 유지관리용역	188,000	2	4	1	2	7	7	4
1680	한국수자원공사	수도 및 댐수시설 점검정비	106,657	3	2	2	1	1	1	1

-58-

순번	기관명	지출명 (사업명)	2022년 예산 (단위:천원/1년간)	민간위탁 근거 1.법률에 규정 2.국고보조 재원(국가지정) 3.공공기관 필요에 따른 내부 결정사항 4.조례 등 지자체에서 명시 5.공공기관 내부규정 존재 6.국가 정책 및 제정사항 7.기타 8.해당없음	계약체결방법 (경쟁형태) 1.일반경쟁 2.제한경쟁 3.지명경쟁 4.수의계약 5.법정위탁 6.기타 ( ) 7.해당없음	계약기간 1.1년 2.2년 3.3년 4.4년 5.5년 6.기타 ( )년 7.해당없음	낙찰자선정방법 1.적격심사 2.협상에의한계약 3.최저가낙찰제 4.규격가격분리 5.2단계 경쟁입찰 6.기타 ( ) 7.해당없음	운영예산 산정 1.내부산정 (기관 자체적으로 산정) 2.외부산정 (외부전문기관에 산정) 3.내·외부 모두 산정 4.산정 無 5.해당없음	정산방법 1.내부정산 (기관 내부적으로 정산) 2.외부정산 (외부전문기관에 정산) 3.내·외부 모두 산정 4.정산 無 5.해당없음	성과평가 실시여부 1.실시 2.미실시 3.향후 추진 4.해당없음
1681	한국수자원공사	지하수관측공 점검정비	3,000,000	3	2	1	1	1	1	2
1682	한국수자원공사	어린이집 운영	624,000	1	6	3	6	1	1	1
1683	한국승강기안전공단	IT인프라 정보보안 유지관리 용역	870,756	3	2	3	2	1	1	4
1684	한국승강기안전공단	응용SW 유지관리 용역	1,026,300	3	2	3	2	1	4	4
1685	한국식품연구원	실험실 지정폐기물 위탁처리 계약(12개월)	9,900	3	4	1	7	1	4	4
1686	한국식품연구원	청사 정수기(음진) 유지관리 계약(24개월)	2,591	3	4	2	7	1	4	4
1687	한국식품연구원	청사 비데 유지관리 계약(24개월)	11,088	3	4	2	7	1	4	4
1688	한국식품연구원	청사방역유지관리계약(24개월)	14,520	3	4	2	7	1	4	4
1689	한국식품연구원	(금액이) 노블 정수기 세로 CHP-8200N 홈레티넘 실버 등 3건	5,206	3	4	1	2	1	4	4
1690	한국식품연구원	통합 연구정보보안관리 사업	281,992	3	1	2	1	1	4	4
1691	한국식품연구원	2022년 통근버스 임차용역(계약관리용)	127,112	3	2	1	1	1	4	4
1692	한국언론진흥재단	뉴스빅데이터 분석시스템 유지보수 및 위탁운영	660,000	3	2	1	2	2	1	1
1693	한국언론진흥재단	정부광고 통합지원시스템 통합유지보수 및 운영지원 사업	1,234,000	1	2	1	1	2	1	1
1694	한국언론진흥재단	업무전산시스템 유지보수 및 위탁운영	836,000	3	1	1	1	3	1	1
1695	한국언론진흥재단	재단 홈페이지 검색엔진 유지보수	6,600	3	4	1	7	1	1	4
1696	한국언론진흥재단	재단 홈페이지 유지보수	20,000	3	4	1	7	1	1	1
1697	한국언론진흥재단	지역 온라인 스크랩 서비스	199,200	3	4	1	7	1	1	4
1698	한국에너지공단	2022년도 한국에너지공단 정보시설 통합유지보수	1,496,340	3	2	1	2	1	1	1
1699	한국장학재단	한국장학도 2020~2022 회계연도 외부회계감사 용역	16,658	3	2	3	3	1	1	4
1700	한국장학재단	2022년 정보화 시스템 인프라 유지관리 용역	235,884	3	2	1	2	2	1	3
1701	한국장학재단	한국장학재단 클라우드 센터 유지관리 용역	126,680	3	3	1	6	2	1	3
1702	한국장애인고용공단	직장 내 장애인 인식개선 교육 지원 사업	2,082,000	1	7	7	7	7	7	4
1703	한국장애인고용공단	직장 내 장애인 인식개선 교육 지원 사업	1,200,000	1	7	7	7	7	7	4
1704	한국장애인고용공단	중증장애인 지원고용	4,758,000	3	7	7	7	7	7	4
1705	한국장애인고용공단	근로지원인 지원 사업	20,471,300	1	6	2	6	1	1	1
1706	한국장애인고용공단	장애인근로자지원센터	1,658,000	3	6	2	6	1	1	1
1707	한국장학재단	대표 번호 상담센터	12,589,000	3	1	2	2	3	3	1
1708	한국장학재단	학자금대출 연체정상화 상담센터 운영	2,841,880	3	1	2	2	1	1	1
1709	한국장학재단	학자금대출 신용회복지원 상담센터 운영	1,715,210	3	1	2	2	1	1	1

-59-

순번	기관명	지출명 (사업명)	2022년 예산 (단위:천원/1년간)	민간위탁 근거	계약체결방법 (경쟁형태)	계약기간	낙찰자선정방법	운영예산 산정	정산방법	성과평가 실시여부
				1. 법률에 규정 2. 국고보조 재원(국가지정) 3. 공공기관 통합요에 따른 내부 결정사항 4. 조례 등 지자체에서 요구 5. 공공기관 내부규정 준수 6. 국가 정책 및 재정사항 7. 기타 8. 해당없음	1. 일반경쟁 2. 제한경쟁 3. 지명경쟁 4. 수의계약 5. 변경위탁 6. 기타( ) 7. 해당없음	1. 1년 2. 2년 3. 3년 4. 4년 5. 5년 6. 기타( )년 7. 해당없음	1. 적격심사 2. 협상에의한계약 3. 최저가낙찰제 4. 규격가격분리 5. 2단계 경쟁입찰 6. 기타( ) 7. 해당없음	1. 내부산정 (기관 자체적으로 산정) 2. 외부산정 (외부전문기관위탁 산정) 3. 내외부 모두 산정 4. 산정 無 5. 해당없음	1. 내부정산 (기관 내부적으로 정산) 2. 외부정산 (외부전문기관위탁 정산) 3. 내외부 모두 산정 4. 정산 無 5. 해당없음	1. 실시 2. 미실시 3. 향후 추진 4. 해당없음
1710	한국장학재단	취업연계 지원사업 상담센터	1,388,164	2	1	2	2	3	1	1
1711	한국장학재단	정보시스템 통합유지보수	11,410,000	3	2	3	2	1	1	1
1712	한국장학재단	통합보안관제	571,000	3	2	3	2	1	1	1
1713	한국재정정보원	2022~2023년 e나라도움 운영 유지보수 사업	5,440,000	3	7	7	7	7	7	4
1714	한국재정정보원	보안관제 위탁운영 용역(사업) 장기계속계약 4차년도	605,275	1	2	3	2	1	5	4
1715	한국재정정보원	2020년 디지털예산회계시스템 전산장비 통합유지관리(3차년도)	3,115,420	1	2	3	2	1	5	4
1716	한국재정정보원	2022년 정보시스템 전산장비 통합유지관리	1,150,814	1	2	3	2	1	5	4
1717	한국재정정보원	e나라도움 사용자지원센터 위탁운영	3,475,500	3	1	6	2	2	5	4
1718	한국재정정보원	2022년 e나라도움 사용자교육 통합위탁운영	2,914,670	3	1	1	2	2	5	4
1719	한국전기연구원	어린이집 운영	360,000	1	4	5	1	2	1	1
1720	한국전력거래소	2021년도 계량설비 통신업무 위탁용역(단가계약)	561,790	3	1	1	2	1	5	4
1721	한국전력거래소	2022년 전력거래소 특수경비 위탁용역	3,370,840	7	7	7	7	5	5	4
1722	한국전력거래소	2022년 미화관리 위탁용역	1,010,649	1	7	7	7	5	5	4
1723	한국전력거래소	2022년 시설관리 위탁용역	1,634,040	1	7	7	7	5	5	4
1724	한국주택금융공사	직장어린이집 운영	357,000	1	7	7	7	7	7	4
1725	한국중부발전(주)	직장어린이집 운영	927,500	2	1	2	2	7	1	1
1726	한국지능정보화사회진흥원	소외계층통신보조사회보장	1,828,000	1	5	7	7	5	5	1
1727	한국지역난방공사	사용자 기계실 유지관리	4,560,905	3	2	1	1	1	1	4
1728	한국전문연구원	(재) 과학기술보인관리단 출연	398,000	1	7	7	1	3	3	4
1729	한국전문연구원	(재) 과학기술시설관리단 출연	305,000	1	7	7	1	3	3	4
1730	한국철도공사	직장 어린이집	3,508,371	1	1	6	2	3	3	1
1731	한국철도공사	(승강기 점검보수) 경부선 서울역 등 25개소	836,867	1	1	3	1	1	1	1
1732	한국철도공사	(승강기 점검보수) 경의선 대곡역 등 23개소	798,228	1	1	3	1	1	1	1
1733	한국철도공사	(승강기 점검보수) 경원선 청량리 등 29개소	724,390	3	1	3	1	1	1	1
1734	한국철도공사	(승강기 점검보수) 경원선 의정부 역 등 51개소	944,225	1	1	3	1	1	1	1
1735	한국철도공사	(승강기 점검보수) 분당선 서울숲역 등 47개소	3,660,439	1	1	3	1	1	1	2
1736	한국철도공사	(승강기 점검보수) 경부선 노량진역 등 94개소	3,593,279	1	1	3	1	1	1	2
1737	한국철도공사	(승강기 점검보수) 강릉역 외 9개소	233,698	1	1	3	1	1	1	2
1738	한국철도공사	(승강기 점검보수) 대전역 등 44개소	894,413	1	1	3	1	1	1	2

순번	기관명	지출명 (사업명)	2022년 예산 (단위:천원/1년간)	민간위탁 근거 1.법률에 규정 2.국고보조 재원(국가지정) 3.공공기관 필요에 따른 4.조례 등 지자체에서 명시 5.공공기관 내부규정 존재 6.국가 정책 및 재정사정 7.기타 8.해당없음	계약체결방법 (경쟁형태) 1.일반경쟁 2.제한경쟁 3.지명경쟁 4.수의계약 5.방정위탁 6.기타() 7.해당없음	계약기간 1.1년 2.2년 3.3년 4.4년 5.5년 6.기타()년 7.해당없음	낙찰자선정방법 1.적격심사 2.협상에의한계약 3.최저가낙찰제 4.규격가절리 5.2단계 경쟁입찰 6.기타() 7.해당없음	운영예산 선정 1.내부선정 (기관 자체로 선정) 2.외부선정 (외부전문기관위탁 선정) 3.내·외부 모두 선정 4.선정無 5.해당없음	정산방법 1.내부정산 (기관 내부적으로 정산) 2.외부정산 (외부전문기관위탁 정산) 3.내·외부 모두 선정 4.정산無 5.해당없음	성과평가 실시여부 1.실시 2.미실시 3.향후 추진 4.해당없음
1739	한국철도공사	(승강기 점검보수) 이산역 외 6개역	213,252	1	1	3	1	1	1	2
1740	한국철도공사	(승강기 점검보수) 광주역 외 26개 역	334,482	1	1	3	1	1	1	2
1741	한국철도공사	(승강기 점검보수) 영주역 등 2개역	26,148	1	1	3	1	1	1	2
1742	한국철도공사	(승강기 점검보수) 동대구역 등 17개 역	457,680	1	1	3	1	1	1	2
1743	한국철도공사	(승강기 점검보수) 부산역 외 50개 역	1,562,637	1	1	3	1	1	1	2
1744	한국철도공사	(승강기 점검보수) 울산역 유지보수통 및 금정터널	6,759	1	1	3	7	1	1	2
1745	한국철도공사	(승강기 점검보수) 수서평택고속선 수직구 17개소	42,728	1	1	3	1	1	1	2
1746	한국특허전략개발원	2022~2023 정보시스템 통합 운영 및 유지관리 사업	383,000	3	2	2	2	1	4	1
1747	해양환경공단	다목적 대형방제선 위탁관리	1,668,689	3	1	1	2	2	2	4
1748	화성도시공사	제부도관리팀 2022년 청소용역	455,000	3	4	1	7	1	1	4
1749	화성도시공사	2022년도 화성종합경기타운 청소 연간용역	780,000	3	4	1	7	1	1	4
1750	화성도시공사	2022년도 화성종합경기타운 경비 연간용역	479,120	3	4	1	7	1	1	4
1751	화성도시공사	2022년도 화성종합경기타운 네트워크 유지보수 용역	15,480	3	4	1	7	1	1	4
1752	화성도시공사	2022년 청소용역	3,491,273	3	4	1	7	1	1	4
1753	화성도시공사	2023년 청소용역	3,491,273	3	4	1	7	1	1	4
1754	화성도시공사	2024년 청소용역	3,491,273	3	4	1	7	1	1	4
1755	화성도시공사	2025년 청소용역	3,491,273	3	4	1	7	1	1	4
1756	화성도시공사	2026년 청소용역	3,491,273	3	4	1	7	1	1	4
1757	화성도시공사	2027년 청소용역	3,491,273	3	4	1	7	1	1	4
1758	화성도시공사	중부권역 공원 청소관리용역	123,450	3	4	1	7	1	1	4
1759	화성도시공사	서부권역 공원 청소관리용역	123,450	3	4	1	7	1	1	4
1760	화성도시공사	남부권역 공원 청소관리용역	123,450	3	4	1	7	1	1	4
1761	화성도시공사	향남2권역 공원 청소관리용역	123,450	3	4	1	7	1	1	4
1762	화성도시공사	봉담2권역 공원 청소관리용역	123,450	3	4	1	7	1	1	4
1763	화성도시공사	매향리평화생태공원 청소관리용역	123,450	3	4	1	7	1	1	4
1764	화성도시공사	공중화장실 청소관리용역	123,450	3	4	1	7	1	1	4
1765	화성도시공사	2022년 화성국민체육센터 청소관리 용역	431,011	3	4	1	7	1	1	4
1766	화성도시공사	2022년 봉담체육센터 회원관리시스템 유지관리 용역	19,200	3	4	1	7	1	1	4
1767	화성도시공사	2022년 봉담체육센터 네트워크장비 유지관리 용역	9,993	3	4	1	7	1	1	4

순번	기관명	지출명 (사업명)	2022년 예산 (단위:천원/1년간)	민간위탁 근거 1. 법률에 규정 2. 국고보조 재원(국가지정) 3. 공공기관 필요에 따른 내부 결정사항 4. 조례 등 지자체에서 명시 5. 공공기관 내부규정 존재 6. 국가 정책 및 재정사항 7. 기타 8. 해당없음	계약체결방법 (경쟁형태) 1. 일반경쟁 2. 제한경쟁 3. 지명경쟁 4. 수의계약 5. 분정위탁 6. 기타( ) 7. 해당없음	입찰방식 계약기간 1. 1년 2. 2년 3. 3년 4. 4년 5. 5년 6. 기타( )년 7. 해당없음	낙찰자선정방법 1. 적격심사 2. 협상에의한계약 3. 최저가낙찰제 4. 규격가격동시 5. 2단계 경쟁입찰 6. 기타( ) 7. 해당없음	운영예산 산정 1. 내부산정 (기관 자체적으로 산정) 2. 외부산정 (외부전문기관위탁 산정) 3. 내·외부 모두 산정 4. 산정無 5. 해당없음	정산방법 1. 내부정산 (기관 내부적으로 정산) 2. 외부정산 (외부전문기관위탁 정산) 3. 내·외부 모두 정산 4. 정산無 5. 해당없음	성과평가 실시여부 1. 실시 2. 미실시 3. 향후 추진 4. 해당없음
1768	화성도시공사	2022년 봉담체육센터 무인경비용역	4,560	3	4	1	7	1	1	4
1769	화성도시공사	2022년 수질복원센터 파크골프장 등 청소관리용역	452,300	3	4	1	7	1	1	4
1770	화성도시공사	2022년 센트럴파크 테니스장 등 청소관리용역	532,850	3	4	1	7	1	1	4
1771	화성도시공사	2022년 화성 드림파크 청소관리용역	231,063	3	4	1	7	1	1	4
1772	화성도시공사	2022년 비봉인조잔디구장 등 청소관리용역	270,764	3	4	1	7	1	1	4
1773	화성도시공사	2022년 정남용수교 등 청소관리용역	275,530	3	4	1	7	1	1	4
1774	화성도시공사	2022년 함백산추모공원 청소관리용역	264,046	3	4	1	7	1	1	4
1775	화성도시공사	2022년 함백산추모공원 시설유지관리 용역	231,450	3	4	1	7	1	1	4
1776	화성도시공사	2022년 동탄중앙이음센터 청소관리용역	341,600	3	4	1	7	1	1	4
1777	화성도시공사	2022년 화성도시공사 대중교통본부 청소관리용역	141,563	3	4	1	7	1	1	4
1778	화성도시공사	2022년 화성 드림파크 경비용역	147,500	3	4	1	7	1	1	4
1779	화성도시공사	2022년 보훈회관 청소관리용역	736,000	3	4	1	7	1	1	4
1780	화성도시공사	화성남부국민체육센터 승강기 유지보수	3,960	3	4	1	7	1	1	4
1781	화성도시공사	화성남부국민체육센터 청소용역	259,736	3	4	1	7	1	1	4
1782	화성도시공사	화성남부국민체육센터 네트워크장비 유지보수	6,000	3	4	1	7	1	1	4
1783	화성도시공사	화성남부국민체육센터 회원관리시스템 유지보수	24,000	3	4	1	7	1	1	4
1784	화성도시공사	화성남부국민체육센터 무인경비용역	3,600	3	4	1	7	1	1	4
1785	화성도시공사	[경기타운영] 2022년도 화성종합경기타운 네트워크 정기점검 및 보수 연간용역	15,480	3	4	1	7	1	1	4
1786	화성도시공사	[경기타운영] 2022년도 화성종합경기타운 지봉계측시스템 유지관리 연간용역	15,950	3	4	1	7	1	1	4
1787	화성도시공사	[경영정보팀] 2022년 경영정보팀 민원관리시스템 유지관리 연간용역	7,500	3	4	1	7	1	1	4
1788	화성도시공사	[경영정보팀] 2022년 경영정보팀 시설관리시스템(FMS) 서비스 유지보수 연간용역	21,000	3	4	1	7	1	1	4
1789	화성도시공사	[경영정보팀] 2022년 경영정보팀 자체 영상회의시스템 유지보수 연간용역	8,400	3	4	1	7	1	1	4
1790	화성도시공사	[경영정보팀] 2022년 경영정보팀 자체 원격접속시스템 유지보수 연간용역	5,490	3	4	1	7	1	1	4
1791	화성도시공사	[고객중보팀] 2022년 화성시콜센터 시스템 유지보수 연간용역	8,900	3	4	1	7	1	1	4
1792	화성도시공사	[공공시설팀] 2022년 공공시설팀 매송오토캠핑장 캠핑장 예약시스템 유지관리 연간용역	9,960	3	4	1	7	1	1	4
1793	화성도시공사	[공공시설팀] 2022년 공공시설팀 주모공원 봉류관리시스템 방화벽 유지관리 연간용역	2,710	3	4	1	7	1	1	4
1794	화성도시공사	[공공시설팀] 2022년 공공시설팀 중합체 물품판매소 물류관리시스템 유지관리 연간용역	3,300	3	4	1	7	1	1	4
1795	화성도시공사	[공공시설팀] 2022년 공공시설팀 중합체 물품판매소 물류관리시스템 유지관리 연간용역	3,904	3	4	1	7	1	1	4
1796	화성도시공사	[공공시설팀] 2022년 공공시설팀 중합체 물품판매소 서버 임차 연간용역	1,518	3	4	1	7	1	1	4

순번	기관명	지출명 (사업명)	2022년 예산 (단위:천원/1년간)	민간위탁 근거 1. 법률에 규정 2. 국고보조 재원(국가지정) 3. 공공기관 필요에 따른 4. 조례 등 지자체에서 명시 5. 공공기관 내부규정 존재 6. 국가 정책 및 재정사항 7. 기타 8. 해당없음	계약체결방법 (경쟁형태) 1. 일반경쟁 2. 제한경쟁 3. 지명경쟁 4. 수의계약 5. 범정위탁 6. 기타 ( ) 7. 해당없음	입찰방식 계약기간 1. 1년 2. 2년 3. 3년 4. 4년 5. 5년 6. 기타 ( )년 7. 해당없음	낙찰자선정방법 1. 적격심사 2. 협상에의한계약 3. 최저가낙찰제 4. 규격가절리 5. 2단계 경쟁입찰 6. 기타 ( ) 7. 해당없음	운영예산 산정 운영예산 산정 1. 내부산정 (기관 자체적으로 산정) 2. 외부산정 (외부전문기관위탁 산정) 3. 내·외부 모두 산정 4. 산정無 5. 해당없음	정산방법 1. 내부정산 (기관 내부적으로 정산) 2. 외부정산 (외부전문기관위탁 정산) 3. 내·외부 모두 산정 4. 정산無 5. 해당없음	성과평가 실시여부 1. 실시 2. 미실시 3. 향후 추진 4. 해당없음
1797	화성도시공사	[공공시설팀] 2022년 공공시설팀 향남오토캠핑장 캠핑장예약아시스템유지관리 용역	9,960	3	4	1	7	1	1	4
1798	화성도시공사	[그린환경센터팀] 2022년 그린환경센터팀 D8압초청 및 웰방화루션 계약 연간용역	4,752	3	4	1	7	1	1	4
1799	화성도시공사	[그린환경센터팀] 2022년 그린환경센터팀 회원관리 시스템 유지보수 계약 연간용역	7,800	3	4	1	7	1	1	4
1800	화성도시공사	[내재지월팀] 2022년 내재지월팀 교통약자지월센터 콜센터시스템 클라우드 인프라 서비스 입차 연간용역	17,160	3	4	1	7	1	1	4
1801	화성도시공사	[동탄체육센터팀] 2022년 동탄체육센터팀 네트워크장비 유지관리 연간용역	8,040	3	4	1	7	1	1	4
1802	화성도시공사	[동탄체육센터팀] 2022년 동탄체육센터팀 회원관리시스템 유지관리 연간용역	21,960	3	4	1	7	1	1	4
1803	화성도시공사	[마리나관리팀] 2022년 마리나관리팀 기상정보서스템 유지보수 연간용역	3,960	3	4	1	7	1	1	4
1804	화성도시공사	[마리나관리팀] 2022년 마리나관리팀 솔링웨이 무인정산시스템 유지관리 연간용역	6,600	3	4	1	7	1	1	4
1805	화성도시공사	[마리나관리팀] 2022년 마리나관리팀 전산프로그램 유지보수 연간용역	4,169	3	4	1	7	1	1	4
1806	화성도시공사	[마리나관리팀] 2022년 마리나관리팀 회원관리시스템 유지관리 연간용역	6,402	3	4	1	7	1	1	4
1807	화성도시공사	[반월체육센터팀] 2022년 반월체육센터팀 네트워크장비 유지관리 연간용역	10,470	3	4	1	7	1	1	4
1808	화성도시공사	[주차운영2팀] 2022년 동부복설주차장 주차관제시스템 유지관리 연간용역	14,916	3	4	1	7	1	1	4
1809	화성도시공사	[주차운영2팀] 2022년 통부복설주차장 주차관제시스템 유지관리 연간용역	12,460	3	4	1	7	1	1	4
1810	화성도시공사	[주차운영2팀] 2022년 주차운영2팀 향남부복설주차장 주차관제시스템 유지관리 연간용역	12,460	3	4	1	7	1	1	4
1811	화성시문화재단	동탄복합문화센터 방역소독 용역	96,500	3	7	7	7	7	7	4
1812	화성시문화재단	화장실 비데 임차 및 유지관리 용역	10,790	3	7	7	7	7	7	4
1813	화성시문화재단	불재이용시설 유지관리 용역	7,440	3	7	7	7	7	7	4
1814	화성시문화재단	2022년 동탄복합문화센터 청소관리용역	830,000	3	7	7	7	7	7	4
1815	화성시문화재단	주차관제시스템 유지보수 용역	20,496	3	7	7	7	7	7	4
1816	화성시문화재단	2022년도 동탄복합문화센터 인력경비용역	306,134	3	7	7	7	7	7	4
1817	화성시문화재단	소방안전관리대행용역	11,058	3	7	7	7	7	7	4
1818	화성시문화재단	무인방범시스템	16,530	3	7	7	7	7	7	4
1819	화성시문화재단	유선전화설비유지보수및 CCTV시스템	18,924	3	7	7	7	7	7	4
1820	화성시문화재단	2022년 스피드게이트 및 서버시스템 유지보수	18,560	3	7	7	7	7	7	4
1821	화성시문화재단	2022년 무인키오스크(발권기) 유지보수	4,224	3	7	7	7	7	7	4
1822	화성시문화재단	22년 승강기 유지보수 용역	16,739,976	1	7	7	7	7	7	4
1823	화성시문화재단	2022 동탄복합문화센터 전산장비 유지보수 계약	16,560	3	7	7	7	7	7	4
1824	화성시문화재단	2022년 동탄복합문화센터 보안장비 유지보수 계약	19,434	3	7	7	7	7	7	4
1825	화성시문화재단	2022년 홈페이지 유지 관리 계약	8,083	3	7	7	7	7	7	4

순번	기관명	지출명(사업명)	2022년 예산 (단위:천원/1년간)	민간위탁 근거 1. 법률에 규정 2. 국고보조 재원(국가지정) 3. 공공기관 필요에 따른 내부 결정사항 4. 조례 등 지자체에서 명시 5. 공공기관 내부규정 존재 6. 국가 경제 및 재정사정 7. 기타 8. 해당없음	계약체결방법(경쟁형태) 1. 일반경쟁 2. 제한경쟁 3. 지명경쟁 4. 수의계약 5. 법정위탁 6. 기타( ) 7. 해당없음	계약기간 1. 1년 2. 2년 3. 3년 4. 4년 5. 5년 6. 기타( )년 7. 해당없음	낙찰자선정방법 1. 적격심사 2. 협상에의한계약 3. 최저가낙찰제 4. 규격가격리 5. 2단계 경쟁입찰 6. 기타( ) 7. 해당없음	운영예산 산정 1. 내부산정(기관 자체적으로 산정) 2. 외부산정 3. 내·외부 모두 산정 4. 산정無 5. 해당없음	정산방법 1. 내부정산(기관 내부적으로 정산) 2. 외부정산(외부전문기관위탁 정산) 3. 내·외부 모두 산정 4. 정산無 5. 해당없음	성과평가 실시여부 1. 실시 2. 미실시 3. 향후 추진 4. 해당없음
1826	화성시문화재단	2022 동탄복합문화센터 사무기기 유지보수	7,182	3	7	7	7	7	7	4
1827	화성시문화재단	2022년 전자결재시스템 유지보수	11,259	3	7	7	7	7	7	4
1828	화성시문화재단	2022년 대장관리유지보수	6,042	3	7	7	7	7	7	4
1829	화성시문화재단	2022년 화성시미디어센터 전산장비 유지보수 용역 계약	5,430	5	7	7	7	7	7	4
1830	화성시문화재단	2022년 화성시미디어센터 환경·건강 가전 임차 계약	5,298	5	7	7	7	7	7	4
1831	화성시문화재단	2022년 화성시미디어센터 홈페이지 운영관리 용역 계약	8,880	5	7	7	7	7	7	4
1832	화성시문화재단	2022년 화성시미디어센터 사무기기 임차 계약	3,960	5	7	7	7	7	7	4
1833	화성시문화재단	2022년 화성시미디어센터 소방안전관리 용역 계약	2,400	5	7	7	7	7	7	4
1834	화성시문화재단	2022년 화성시미디어센터 무인경비시스템 용역 계약	3,960	5	7	7	7	7	7	4
1835	화성시문화재단	2022년 화성시미디어센터 승강기 유지보수 용역 계약	2,202	5	7	7	7	7	7	4
1836	화성시문화재단	2022년 화성시미디어센터 방역소독 용역 계약	4,560	5	7	7	7	7	7	4
1837	화성시문화재단	2022년 화성시미디어센터 청소 용역 계약	48,247	5	7	7	7	7	7	4
1838	화성시문화재단	생활문화센터 운영	79,039	3	7	7	7	7	7	4
1839	화성시문화재단	정보화시스템 유지보수	142,919	5	7	7	7	7	7	4
1840	화성시문화재단	자료관리시스템 유지보수	21,210	5	7	7	7	7	7	4
1841	화성시문화재단	경비용역	958,309	5	7	7	7	7	7	4
1842	화성시문화재단	청소용역	1,149,466	5	7	7	7	7	7	4
1843	화성시문화재단	상호대차서비스용역	217,109	5	7	7	7	7	7	4

배 성기 (裵 成基)

| 약 력 |

現 한국민간위탁경영연구소 소장, 브릿지협동조합 이사장, 사회적 가치 연구소 소장, 공공서비스경영연구소 소장
　　단국대학교 경영학 박사, 가천대학교 회계학 석사
現 단국대학교 경영학과 외래교수
現 파주시청 민간위탁 운영심의위원, 은평구청 민간위탁 적정성운영위원
現 중랑구의회 의정자문위원, 한국의정연구회 지방의회연구소 초빙교수
現 송파구 민간위탁 운영평가위원, 사회적기업 육성 위원
現 성북구 사회적경제 육성위원, 성북민관협치 운영위원
現 국민권익위원회 부패영향평가 자문위원
現 가천대학교 사회적기업과고용관계연구소 비상임 선임연구원
現 에코아이 지속가능경영연구소 비상임 소장
現 (재)현대산업경제연구원 비상임 연구위원
前 서울시 민간위탁 원가분석 자문위원
前 단국대학교 경제학과 외래교수

| 주요 연구수행실적 |

「정부 및 지자체 등으로부터 위탁받은 사업 매뉴얼 구축 용역」
「2017년 재정사업 성과평가 용역(산림자원육성)」
「농림축산식품 정보화사업 성과관리체계 구축 연구」
「자동차전용도로 효율적 관리를 위한 직무분석 용역」
「산림문화휴양촌 관리운영 방안 수립 연구 용역」
「생활폐기물 수집·운반 및 처리시설 민간위탁 타당성 및 운영효율화 방안」
「산업단지 폐수처리시설 민간위탁 타당성 및 운영효율화 방안」
「종합사회복지관 민간위탁 타당성 및 운영효율화 방안」
「장애인복지관 민간위탁 타당성 및 운영효율화 방안」
「노인종합복지관 민간위탁 타당성 및 운영효율화 방안」
「아동·청소년시설 민간위탁 타당성 및 운영효율화 방안」
「소각장 민간위탁 타당성 및 운영효율화 방안」
「자동집하시설 민간위탁 타당성 및 운영효율화 방안」
「가로등관리 민간위탁 타당성 및 운영효율화 방안」
「공원관리 민간위탁 타당성 및 운영효율화 방안」
「문화예술체육시설 운영관리 민간위탁 타당성 및 운영효율화 방안」 외 다수

| 주요 저술실적 |

저서 : 지방자치단체 민간위탁 운영관리메뉴얼 Ⅰ, Ⅱ, Ⅲ권, 민간위탁 원가산정, 공공관리와 성과,
　　　민간위탁 조례 및 계약 관리 방안, 하수처리시설 민간위탁 서비스 평가, 공공하수도시설 민간위탁 서비스 경영,
　　　생활폐기물 수집·운반 및 처리시설 민간위탁 서비스 경영 등
번역 : OECD 정부기능 및 정부서비스 민간위탁 외 4권
논문 : 민간위탁서비스 핵심운영요인이 운영성과에 미치는 영향에 관한 실증 연구(2014) 등 3개
발표 : 한국생산관리학회, 한국구매조달학회, 한국관광경영학회 등 다수

KCOMI 발간도서 소개

민간위탁 통계

KCOMI 통계 - Ebook
2021 전국 지방자치단체 민·관 협업사무 운영 현황
|하수도시설|

본 도서는 전국 17개 광역자치단체를 포함한 243개 지방자치단체의 하수도시설에 대한 2021년 민관 협업사무 운영 현황을 파악할 수 있는 자료이다.

배성기 지음
한국민간위탁경영구소
2021년 5월 출간

KCOMI 통계 - Ebook
2021 전국 지방자치단체 민·관 협업사무 운영 현황
|슬러지처리시설|

본 도서는 전국 17개 광역자치단체를 포함한 243개 지방자치단체의 하수슬러지건조화시설(소각포함)에 대한 2021년 민관 협업사무 운영 현황을 파악할 수 있는 자료이다.

배성기 지음
한국민간위탁경영구소
2021년 5월 출간

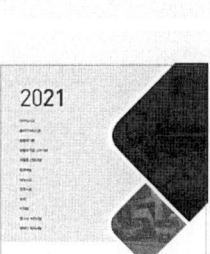
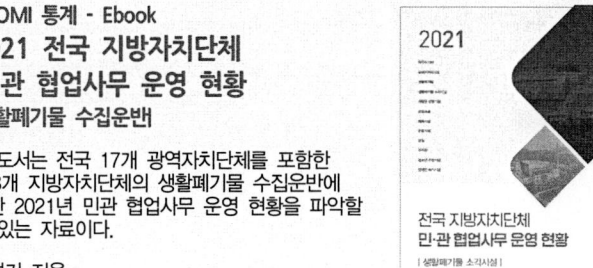

KCOMI 통계 - Ebook
2021 전국 지방자치단체 민·관 협업사무 운영 현황
|생활폐기물 수집운반|

본 도서는 전국 17개 광역자치단체를 포함한 243개 지방자치단체의 생활폐기물 수집운반에 대한 2021년 민관 협업사무 운영 현황을 파악할 수 있는 자료이다.

배성기 지음
한국민간위탁경영구소
2021년 5월 출간

KCOMI 통계 - Ebook
2021 전국 지방자치단체 민·관 협업사무 운영 현황
|생활폐기물 소각시설|

본 도서는 전국 17개 광역자치단체를 포함한 243개 지방자치단체의 생활폐기물 소각시설에 대한 2021년 민관 협업사무 운영 현황을 파악할 수 있는 자료이다.

배성기 지음
한국민간위탁경영구소
2021년 5월 출간

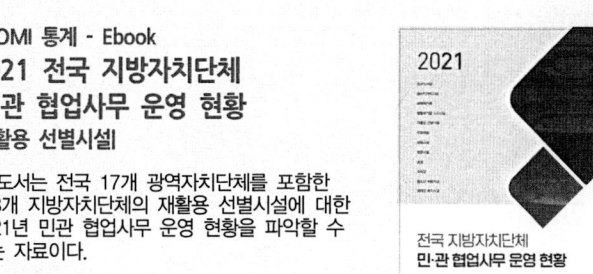

KCOMI 통계 - Ebook
2021 전국 지방자치단체 민·관 협업사무 운영 현황
|재활용 선별시설|

본 도서는 전국 17개 광역자치단체를 포함한 243개 지방자치단체의 재활용 선별시설에 대한 2021년 민관 협업사무 운영 현황을 파악할 수 있는 자료이다.

배성기 지음
한국민간위탁경영구소
2021년 5월 출간

KCOMI 통계 - Ebook
2021 전국 지방자치단체 민·관 협업사무 운영 현황
|문화예술부문|

본 도서는 전국 17개 광역자치단체를 포함한 243개 지방자치단체의 문화예술부문에 대한 2021년 민관 협업사무 운영 현황을 파악할 수 있는 자료이다.

배성기 지음
한국민간위탁경영구소
2021년 5월 출간

KCOMI 통계 - Ebook
2021 전국 지방자치단체 민·관 협업사무 운영 현황
|관광부문|

본 도서는 전국 17개 광역자치단체를 포함한 243개 지방자치단체의 관광부문에 대한 2021년 민관 협업사무 운영 현황을 파악할 수 있는 자료이다.

배성기 지음
한국민간위탁경영구소
2021년 5월 출간

KCOMI 통계 - Ebook
2021 전국 지방자치단체 민·관 협업사무 운영 현황
|체육부문|

본 도서는 전국 17개 광역자치단체를 포함한 243개 지방자치단체의 체육부문에 대한 2021년 민관 협업사무 운영 현황을 파악할 수 있는 자료이다.

배성기 지음
한국민간위탁경영구소
2021년 5월 출간

KCOMI 통계 - Ebook
2021 전국 지방자치단체 민·관 협업사무 운영 현황|청소년수련시설|

본 도서는 전국 17개 광역자치단체를 포함한 243개 지방자치단체의 청소년수련시설에 대한 2021년 민관 협업사무 운영 현황을 파악할 수 있는 자료이다.

배성기 지음
한국민간위탁경영구소
2021년 5월 출간

KCOMI 통계 - Ebook
2021 전국 지방자치단체 민·관 협업사무 운영 현황|장애인복지시설|

본 도서는 전국 17개 광역자치단체를 포함한 243개 지방자치단체의 장애인복지시설에 대한 2021년 민관 협업사무 운영 현황을 파악할 수 있는 자료이다.

배성기 지음
한국민간위탁경영구소
2021년 5월 출간

KCOMI 통계 - Ebook
2021 전국 지방자치단체 민·관 협업사무 운영 현황 I

민간경상사업보조(307-02)
민간단체법정운영비보조(307-03)
민간행사사업보조(307-04)

본 도서는 전국 17개 광역자치단체를 포함한 243개 지방자치단체의 2021년 민관 협업사무 운영 현황으로서 국내에서 유일하게 전국 민관 협업사무 운영 현황을 파악할 수 있는 자료이다. 해당 시리즈는 총 3권으로 제작되었다.

배성기 지음
한국민간위탁경영구소
2021 3월 출간

KCOMI 통계 - Ebook
2021 전국 지방자치단체 민·관 협업사무 운영 현황 II

민간위탁금(307-05)
사회복지시설법정운영비보조(307-10)
민간인위탁교육비(307-12)
공기관등에대한경상적대행사업비(308-10)

본 도서는 전국 17개 광역자치단체를 포함한 243개 지방자치단체의 2021년 민관 협업사무 운영 현황으로서 국내에서 유일하게 전국 민관 협업사무 운영 현황을 파악할 수 있는 자료이다. 해당 시리즈는 총 3권으로 제작되었다.

배성기 지음
한국민간위탁경영구소
2021년 3월 출간

KCOMI 통계 - Ebook
2021 전국 지방자치단체 민·관 협업사무 운영 현황 III

민간자본사업보조,자체재원(402-01)
민간자본사업보조,이전재원(402-02)
민간위탁사업비(402-03)
공기관등에대한자본적위탁사업비(403-02)

본 도서는 전국 17개 광역자치단체를 포함한 243개 지방자치단체의 2021년 민관 협업사무 운영 현황으로서 국내에서 유일하게 전국 민관 협업사무 운영 현황을 파악할 수 있는 자료이다. 해당 시리즈는 총 3권으로 제작되었다.

배성기 지음
한국민간위탁경영구소
2021년 7월 출간

KCOMI 통계 - Ebook
2021 공공기관 민간위탁 운영 현황 E-book

본 도서는 전국 공공기관의 민간위탁 사무 운영 현형을 파악할 수 있는 자료이다.

배성기 지음
한국민간위탁경영구소
2021년 5월 출간

KCOMI 통계 - Ebook
2021 중앙행정기관 행정사무 민간이전 운영현황

본 도서는 중앙행정기관의 행정사무 민간이전 운영 현황을 파악할 수 있는 자료이다.

배성기 지음

한국민간위탁경영구소

2021년 5월 출간

KCOMI 통계 - Ebook
2021 전국 지방자치단체 민간위탁 운영현황

본 도서는 전국 17개 광역자치단체를 포함한 243개 지방자치단체의 2021년 민간위탁 운영현황을 파악 할 수 있는 자료이다.

배성기 지음

한국민간위탁경영구소

2021년 5월 출간

KCOMI 통계 - Ebook
2020 전국 지방자치단체 민·관 협업사무 운영 현황 I
민간경상사업보조(307-02)
민간단체법정운영비보조(307-03)
민간행사사업보조(307-04)

본 도서는 전국 17개 광역자치단체를 포함한 243개 지방자치단체의 2020년 민관 협업사무 운영 현황으로서 국내에서 유일하게 전국 민관 협업사무 운영 현황을 파악할 수 있는 자료이다. 해당 시리즈는 총 3권으로 제작되었다.

배성기 지음
한국민간위탁경영구소
2020년 7월 출간

KCOMI 통계 - Ebook
2020 전국 지방자치단체 민·관 협업사무 운영 현황 II
민간위탁금(307-05)
사회복지시설법정운영비보조(307-10)
민간인위탁교육비(307-12)
공기관등에대한경상적대행사업비(308-10)

본 도서는 전국 17개 광역자치단체를 포함한 243개 지방자치단체의 2020년 민관 협업사무 운영 현황으로서 국내에서 유일하게 전국 민관 협업사무 운영 현황을 파악할 수 있는 자료이다. 해당 시리즈는 총 3권으로 제작되었다.

배성기 지음
한국민간위탁경영구소
2020년 7월 출간

KCOMI 통계 - Ebook
2020 전국 지방자치단체 민·관 협업사무 운영 현황 III
민간자본사업보조,자체재원(402-01)
민간자본사업보조,이전재원(402-02)
민간위탁사업비(402-03)
공기관등에대한자본적위탁사업비(403-02)

본 도서는 전국 17개 광역자치단체를 포함한 243개 지방자치단체의 2020년 민관 협업사무 운영 현황으로서 국내에서 유일하게 전국 민관 협업사무 운영 현황을 파악할 수 있는 자료이다. 해당 시리즈는 총 3권으로 제작되었다.

배성기 지음
한국민간위탁경영구소
2020년 7월 출간

KCOMI 통계
2020 전국 지방자치단체 민·관 협업사무 운영 현황 통합본

본 도서는 전국 17개 광역자치단체를 포함한 243개 지방자치단체의 각 분야별 2018년 민관 협업사무 운영 현황으로 하수도시설, 하수슬러지건조화시설, 생활폐기물 수집운반, 생활폐기물 소각시설, 재활용 선별시설, 문화예술, 체육, 관광, 공원, 주차장, 청소년수련시설, 장애인복지시설의 운영 현황을 파악할 수 있는 자료이다.

배성기 지음
한국민간위탁경영구소
2020년 7월 출간

KCOMI 통계 - Ebook
2020 전국 지방자치단체 민·관 협업사무 운영 현황
|하수도시설|

본 도서는 전국 17개 광역자치단체를 포함한 243개 지방자치단체의 하수도시설에 대한 2020년 민관 협업사무 운영 현황을 파악할 수 있는 자료이다.

배성기 지음

한국민간위탁경영구소

2020년 5월 출간

KCOMI 통계 - Ebook
2020 전국 지방자치단체 민·관 협업사무 운영 현황
|하수슬러지건조화시설(소각포함)|

본 도서는 전국 17개 광역자치단체를 포함한 243개 지방자치단체의 하수슬러지건조화시설(소각포함)에 대한 2018년 민관 협업사무 운영 현황을 파악할 수 있는 자료이다.

배성기 지음

한국민간위탁경영구소

2020년 5월 출간

KCOMI 통계 - Ebook
2020 전국 지방자치단체 민·관 협업사무 운영 현황
|생활폐기물 수집운반

본 도서는 전국 17개 광역자치단체를 포함한 243개 지방자치단체의 생활폐기물 수집운반에 대한 2020년 민관 협업사무 운영 현황을 파악할 수 있는 자료이다.

배성기 지음
한국민간위탁경영구소
2020년 5월 출간

KCOMI 통계 - Ebook
2020 전국 지방자치단체 민·관 협업사무 운영 현황
|생활폐기물 소각시설

본 도서는 전국 17개 광역자치단체를 포함한 243개 지방자치단체의 생활폐기물 소각시설에 대한 2020년 민관 협업사무 운영 현황을 파악할 수 있는 자료이다.

배성기 지음
한국민간위탁경영구소
2020년 5월 출간

KCOMI 통계 - Ebook
2020 전국 지방자치단체 민·관 협업사무 운영 현황
|재활용 선별시설

본 도서는 전국 17개 광역자치단체를 포함한 243개 지방자치단체의 재활용 선별시설에 대한 2020년 민관 협업사무 운영 현황을 파악할 수 있는 자료이다.

배성기 지음
한국민간위탁경영구소
2020년 5월 출간

KCOMI 통계 - Ebook
2020 전국 지방자치단체 민·관 협업사무 운영 현황
|문화예술부문

본 도서는 전국 17개 광역자치단체를 포함한 243개 지방자치단체의 문화예술부문에 대한 2020년 민관 협업사무 운영 현황을 파악할 수 있는 자료이다.

배성기 지음
한국민간위탁경영구소
2020년 5월 출간

KCOMI 통계 - Ebook
2020 전국 지방자치단체 민·관 협업사무 운영 현황
|관광부문

본 도서는 전국 17개 광역자치단체를 포함한 243개 지방자치단체의 관광부문에 대한 2020년 민관 협업사무 운영 현황을 파악할 수 있는 자료이다.

배성기 지음
한국민간위탁경영구소
2020년 5월 출간

KCOMI 통계 - Ebook
2020 전국 지방자치단체 민·관 협업사무 운영 현황
|체육부문

본 도서는 전국 17개 광역자치단체를 포함한 243개 지방자치단체의 체육부문에 대한 2020년 민관 협업사무 운영 현황을 파악할 수 있는 자료이다.

배성기 지음
한국민간위탁경영구소
2020년 5월 출간

KCOMI 통계 - Ebook
2020 전국 지방자치단체 민·관 협업사무 운영 현황
|공원부문

본 도서는 전국 17개 광역자치단체를 포함한 243개 지방자치단체의 공원부문에 대한 2020년 민관 협업사무 운영 현황을 파악할 수 있는 자료이다.

배성기 지음
한국민간위탁경영구소
2020년 5월 출간

KCOMI 통계 - Ebook
2020 전국 지방자치단체 민·관 협업사무 운영 현황
|주차장시설

본 도서는 전국 17개 광역자치단체를 포함한 243개 지방자치단체의 체육부문에 대한 2020년 민관 협업사무 운영 현황을 파악할 수 있는 자료이다.

배성기 지음
한국민간위탁경영구소
2020년 5월 출간

KCOMI 통계 - Ebook
2020 전국 지방자치단체 민·관 협업사무 운영 현황
|청소년수련시설

본 도서는 전국 17개 광역자치단체를 포함한 243개 지방자치단체의 청소년수련시설에 대한 2020년 민관 협업사무 운영 현황을 파악할 수 있는 자료이다.

배성기 지음
한국민간위탁경영구소
2020년 5월 출간

KCOMI 통계 - Ebook
2020 전국 지방자치단체 민·관 협업사무 운영 현황
|장애인복지시설

본 도서는 전국 17개 광역자치단체를 포함한 243개 지방자치단체의 장애인복지시설에 대한 2020년 민관 협업사무 운영 현황을 파악할 수 있는 자료이다.

배성기 지음
한국민간위탁경영구소
2020년 5월 출간

KCOMI 통계
2019 전국 지방자치단체
민·관 협업사무 운영 현황 통합본

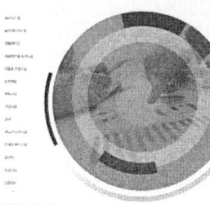

본 도서는 전국 17개 광역자치단체를 포함한 245개 지방자치단체의 각 분야별 2019년 민관 협업사무 운영 현황으로 하수도시설, 하수슬러지건조화시설, 생활폐기물 수집운반, 생활폐기물 소각시설, 재활용 선별시설, 문화예술, 체육, 관광, 공원, 주차장, 청소년수련시설, 장애인복지시설의 운영 현황을 파악할 수 있는 자료이다.

배성기 지음
한국민간위탁경영구소
2019년 출간

KCOMI 통계
2019 전국 지방자치단체
민·관 협업사무 운영 현황 I

민간경상사업보조(307-02)
민간단체법정운영비보조(307-03)
민간행사사업보조(307-04)

본 도서는 전국 17개 광역자치단체를 포함한 245개 지방자치단체의 2019년 민관 협업사무 운영 현황으로서 국내에서 유일하게 전국 민관 협업사무 운영 현황을 파악할 수 있는 자료이다. 해당 시리즈는 총 3권으로 제작되었다.

배성기 지음
한국민간위탁경영구소
2019년 출간

KCOMI 통계
2019 전국 지방자치단체
민·관 협업사무 운영 현황 II

민간위탁금(307-05)
사회복지시설법정운영비보조(307-10)
사회복지사업보조(307-11)

본 도서는 전국 17개 광역자치단체를 포함한 245개 지방자치단체의 2019년 민관 협업사무 운영 현황으로서 국내에서 유일하게 전국 민관 협업사무 운영 현황을 파악할 수 있는 자료이다. 해당 시리즈는 총 3권으로 제작되었다.

배성기 지음
한국민간위탁경영구소
2019년 출간

KCOMI 통계
2019 전국 지방자치단체
민·관 협업사무 운영 현황 III

민간인위탁교육비(307-12),
공기관등에대한경상적대행사업비(308-10)
공사공단경상전출금(309-01)
민간자본사업보조,자체재원(402-01)
민간자본사업보조,이전재원(402-02)
민간위탁사업비(402-03)
공기관등에대한자본적위탁사업비(403-02)
공사공단자본전출금(404-01)

본 도서는 전국 17개 광역자치단체를 포함한 245개 지방자치단체의 2019년 민관 협업사무 운영 현황으로서 국내에서 유일하게 전국 민관 협업사무 운영 현황을 파악할 수 있는 자료이다. 해당 시리즈는 총 3권으로 제작되었다.

배성기 지음
한국민간위탁경영구소
2019년 출간

KCOMI 통계 - Ebook
2019 전국 지방자치단체
민·관 협업사무 운영 현황
|하수도시설|

본 도서는 전국 17개 광역자치단체를 포함한 245개 지방자치단체의 하수도시설에 대한 2019년 민관 협업사무 운영 현황을 파악할 수 있는 자료이다.

배성기 지음
한국민간위탁경영구소
2019년 출간

KCOMI 통계 - Ebook
2019 전국 지방자치단체
민·관 협업사무 운영 현황
|슬러지처리시설|

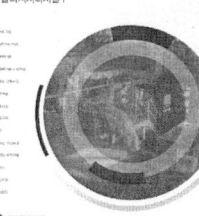

본 도서는 전국 17개 광역자치단체를 포함한 245개 지방자치단체의 하수슬러지건조화시설(소각포함)에 대한 2019년 민관 협업사무 운영 현황을 파악할 수 있는 자료이다.

배성기 지음
한국민간위탁경영구소
2019년 출간

KCOMI 통계 - Ebook
2019 전국 지방자치단체
민·관 협업사무 운영 현황
|생활폐기물 수집운반|

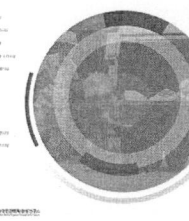

본 도서는 전국 17개 광역자치단체를 포함한 245개 지방자치단체의 생활폐기물 수집운반에 대한 2019년 민관 협업사무 운영 현황을 파악할 수 있는 자료이다.

배성기 지음
한국민간위탁경영구소
2019년 출간

KCOMI 통계 - Ebook
2019 전국 지방자치단체
민·관 협업사무 운영 현황
|생활폐기물 소각시설|

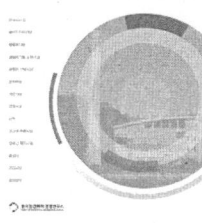

본 도서는 전국 17개 광역자치단체를 포함한 245개 지방자치단체의 생활폐기물 소각시설에 대한 2019년 민관 협업사무 운영 현황을 파악할 수 있는 자료이다.

배성기 지음
한국민간위탁경영구소
2019년 출간

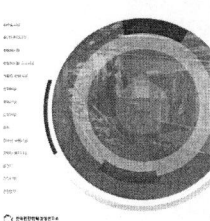

KCOMI 통계 - Ebook
2019 전국 지방자치단체 민·관 협업사무 운영 현황
|재활용 선별시설|

본 도서는 전국 17개 광역자치단체를 포함한 245개 지방자치단체의 재활용 선별시설에 대한 2019년 민관 협업사무 운영 현황을 파악할 수 있는 자료이다.

배성기 지음
한국민간위탁경영구소
2019년 출간

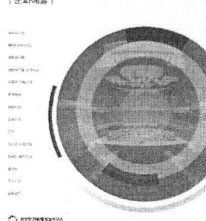

KCOMI 통계 - Ebook
2019 전국 지방자치단체 민·관 협업사무 운영 현황
|문화예술부문|

본 도서는 전국 17개 광역자치단체를 포함한 245개 지방자치단체의 문화예술부문에 대한 2019년 민관 협업사무 운영 현황을 파악할 수 있는 자료이다.

배성기 지음
한국민간위탁경영구소
2019년 출간

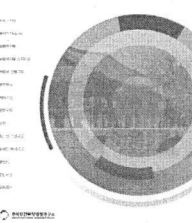

KCOMI 통계 - Ebook
2019 전국 지방자치단체 민·관 협업사무 운영 현황
|관광부문|

본 도서는 전국 17개 광역자치단체를 포함한 245개 지방자치단체의 관광부문에 대한 2019년 민관 협업사무 운영 현황을 파악할 수 있는 자료이다.

배성기 지음
한국민간위탁경영구소
2019년 출간

KCOMI 통계 - Ebook
2019 전국 지방자치단체 민·관 협업사무 운영 현황
|체육부문|

본 도서는 전국 17개 광역자치단체를 포함한 245개 지방자치단체의 체육부문에 대한 2019년 민관 협업사무 운영 현황을 파악할 수 있는 자료이다.

배성기 지음
한국민간위탁경영구소
2019년 출간

KCOMI 통계 - Ebook
2019 전국 지방자치단체 민·관 협업사무 운영 현황
|공원부문|

본 도서는 전국 17개 광역자치단체를 포함한 245개 지방자치단체의 공원부문에 대한 2019년 민관 협업사무 운영 현황을 파악할 수 있는 자료이다.

배성기 지음
한국민간위탁경영구소
2019년 출간

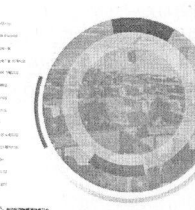

KCOMI 통계 - Ebook
2019 전국 지방자치단체 민·관 협업사무 운영 현황
|콜센터|

본 도서는 전국 17개 광역자치단체를 포함한 245개 지방자치단체의 콜센터 업무에 대한 2019년 민관 협업사무 운영 현황을 파악할 수 있는 자료이다.

배성기 지음
한국민간위탁경영구소
2019년 출간

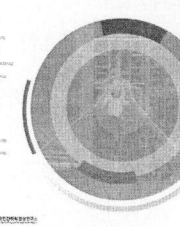

KCOMI 통계 - Ebook
2019 전국 지방자치단체 민·관 협업사무 운영 현황
|청소년수련시설|

본 도서는 전국 17개 광역자치단체를 포함한 245개 지방자치단체의 청소년수련시설에 대한 2019년 민관 협업사무 운영 현황을 파악할 수 있는 자료이다.

배성기 지음
한국민간위탁경영구소
2019년 출간

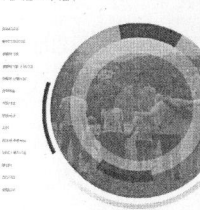

KCOMI 통계 - Ebook
2019 전국 지방자치단체 민·관 협업사무 운영 현황
|장애인복지시설|

본 도서는 전국 17개 광역자치단체를 포함한 245개 지방자치단체의 장애인복지시설에 대한 2019년 민관 협업사무 운영 현황을 파악할 수 있는 자료이다.

배성기 지음
한국민간위탁경영구소
2019년 출간

KCOMI 통계
2019 정보화사업 운영 현황

본 도서는 전국 지방자치단체, 중앙행정기관, 공공기관의 2019년 정보화사업을 대상으로 사업 현황을 분석한 운영 현황 자료이다.

배성기 지음
한국민간위탁경영구소
2019년 8월 출간

SVI 통계 - Ebook
2019 공공기관 사회적 가치 구현사업 운영현황 | 통계자료 |

본 도서는 공공기관 사회적 가치 구현사업의 운영 현황에 대한 통계를 파악할 수 있는 자료이다.

배성기 지음
사회적 가치 연구소
2019년 7월 출간

KCOMI 통계
2018 전국 지방자치단체 민·관 협업사무 운영 현황 통합본

본 도서는 전국 17개 광역자치단체를 포함한 243개 지방자치단체의 각 분야별 2018년 민관 협업사무 운영 현황으로 하수도시설, 하수슬러지건조화시설, 생활폐기물 수집운반, 생활폐기물 소각시설, 재활용 선별시설, 문화예술, 체육, 관광, 공원, 주차장, 청소년수련시설, 장애인복지시설의 운영 현황을 파악할 수 있는 자료이다.

배성기 지음
한국민간위탁경영구소
2018년 5월 출간

KCOMI 통계
2018 전국 지방자치단체 민·관 협업사무 운영 현황 I

민간경상사업보조(307-02)
민간단체법정운영비보조(307-03)
민간행사사업보조(307-04)

본 도서는 전국 17개 광역자치단체를 포함한 243개 지방자치단체의 2018년 민관 협업사무 운영 현황으로서 국내에서 유일하게 전국 민관 협업사무 운영 현황을 파악할 수 있는 자료이다. 해당 시리즈는 총 3권으로 제작되었다.

배성기 지음
한국민간위탁경영구소
2018년 5월 출간

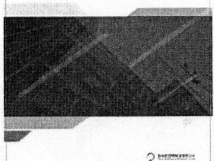

KCOMI 통계
2018 전국 지방자치단체 민·관 협업사무 운영 현황 II

민간위탁금(307-05)
사회복지시설법정운영비보조(307-10)
사회복지사업보조(307-11)

본 도서는 전국 17개 광역자치단체를 포함한 243개 지방자치단체의 2018년 민관 협업사무 운영 현황으로서 국내에서 유일하게 전국 민관 협업사무 운영 현황을 파악할 수 있는 자료이다. 해당 시리즈는 총 3권으로 제작되었다.

배성기 지음
한국민간위탁경영구소
2018년 5월 출간

KCOMI 통계
2018 전국 지방자치단체 민·관 협업사무 운영 현황 III

민간인위탁교육비(307-12),
공기관등에대한경상적대행사업비(308-10)
공사공단경상전출금(309-01)
민간자본사업보조,자체재원(402-01)
민간자본사업보조,이전재원(402-02)
민간위탁사업비(402-03)
공기관등에대한자본적위탁사업비(403-02)
공사공단자본전출금(404-01)

본 도서는 전국 17개 광역자치단체를 포함한 243개 지방자치단체의 2018년 민관 협업사무 운영 현황으로서 국내에서 유일하게 전국 민관 협업사무 운영 현황을 파악할 수 있는 자료이다. 해당 시리즈는 총 3권으로 제작되었다.

배성기 지음
한국민간위탁경영구소
2018년 5월 출간

KCOMI 통계 - Ebook
2018 전국 지방자치단체 민·관 협업사무 운영 현황
|하수도시설|

본 도서는 전국 17개 광역자치단체를 포함한 243개 지방자치단체의 하수도시설에 대한 2018년 민관 협업사무 운영 현황을 파악할 수 있는 자료이다.

배성기 지음
한국민간위탁경영구소
2018년 5월 출간

KCOMI 통계 - Ebook
2018 전국 지방자치단체 민·관 협업사무 운영 현황
|하수슬러지건조화시설(소각포함)|

본 도서는 전국 17개 광역자치단체를 포함한 243개 지방자치단체의 하수슬러지건조화시설(소각포함)에 대한 2018년 민관 협업사무 운영 현황을 파악할 수 있는 자료이다.

배성기 지음
한국민간위탁경영구소
2018년 5월 출간

KCOMI 통계 - Ebook
2018 전국 지방자치단체 민·관 협업사무 운영 현황
|생활폐기물 수집운반|

본 도서는 전국 17개 광역자치단체를 포함한 243개 지방자치단체의 생활폐기물 수집운반에 대한 2018년 민관 협업사무 운영 현황을 파악할 수 있는 자료이다.

배성기 지음
한국민간위탁경영구소
2018년 5월 출간

KCOMI 통계 - Ebook
2018 전국 지방자치단체 민·관 협업사무 운영 현황
|생활폐기물 소각시설|

본 도서는 전국 17개 광역자치단체를 포함한 243개 지방자치단체의 생활폐기물 소각시설에 대한 2018년 민관 협업사무 운영 현황을 파악할 수 있는 자료이다.

배성기 지음
한국민간위탁경영구소
2018년 5월 출간

KCOMI 통계 - Ebook

2018 전국 지방자치단체 민·관 협업사무 운영 현황
|재활용 선별시설|

본 도서는 전국 17개 광역자치단체를 포함한 243개 지방자치단체의 재활용 선별시설에 대한 2018년 민관 협업사무 운영 현황을 파악할 수 있는 자료이다.

배성기 지음
한국민간위탁경영구소
2018년 5월 출간

KCOMI 통계 - Ebook

2018 전국 지방자치단체 민·관 협업사무 운영 현황
|문화예술부문|

본 도서는 전국 17개 광역자치단체를 포함한 243개 지방자치단체의 문화예술부문에 대한 2018년 민관 협업사무 운영 현황을 파악할 수 있는 자료이다.

배성기 지음
한국민간위탁경영구소
2018년 5월 출간

KCOMI 통계 - Ebook

2018 전국 지방자치단체 민·관 협업사무 운영 현황
|관광부문|

본 도서는 전국 17개 광역자치단체를 포함한 243개 지방자치단체의 관광부문에 대한 2018년 민관 협업사무 운영 현황을 파악할 수 있는 자료이다.

배성기 지음
한국민간위탁경영구소
2018년 5월 출간

KCOMI 통계 - Ebook

2018 전국 지방자치단체 민·관 협업사무 운영 현황
|체육부문|

본 도서는 전국 17개 광역자치단체를 포함한 243개 지방자치단체의 체육부문에 대한 2018년 민관 협업사무 운영 현황을 파악할 수 있는 자료이다.

배성기 지음
한국민간위탁경영구소
2018년 5월 출간

KCOMI 통계 - Ebook

2018 전국 지방자치단체 민·관 협업사무 운영 현황
|공원부문|

본 도서는 전국 17개 광역자치단체를 포함한 243개 지방자치단체의 공원부문에 대한 2018년 민관 협업사무 운영 현황을 파악할 수 있는 자료이다.

배성기 지음
한국민간위탁경영구소
2018년 5월 출간

KCOMI 통계 - Ebook

2018 전국 지방자치단체 민·관 협업사무 운영 현황
|주차장시설|

본 도서는 전국 17개 광역자치단체를 포함한 243개 지방자치단체의 체육부문에 대한 2018년 민관 협업사무 운영 현황을 파악할 수 있는 자료이다.

배성기 지음
한국민간위탁경영구소
2018년 5월 출간

KCOMI 통계 - Ebook

2018 전국 지방자치단체 민·관 협업사무 운영 현황
|청소년수련시설|

본 도서는 전국 17개 광역자치단체를 포함한 243개 지방자치단체의 청소년수련시설에 대한 2018년 민관 협업사무 운영 현황을 파악할 수 있는 자료이다.

배성기 지음
한국민간위탁경영구소
2018년 5월 출간

KCOMI 통계 - Ebook

2018 전국 지방자치단체 민·관 협업사무 운영 현황
|장애인복지시설|

본 도서는 전국 17개 광역자치단체를 포함한 243개 지방자치단체의 장애인복지시설에 대한 2018년 민관 협업사무 운영 현황을 파악할 수 있는 자료이다.

배성기 지음
한국민간위탁경영구소
2018년 5월 출간

KCOMI 통계

2018 정보화사업 운영 현황

본 도서는 전국 지방자치단체, 중앙행정기관, 공공기관의 2018년 정보화사업을 대상으로 사업 현황을 분석한 운영 현황 자료이다.

배성기 지음
한국민간위탁경영구소
2018년 8월 출간

KCOMI 통계

2018 중앙행정기관 및 그 소속기관 행정사무 민간이전 운영현황

본 도서는 전국 342개 중앙행정기관을 대상으로 2018년 민간이전 사업 현황을 분석한 자료로서 국내에서 유일하게 민간위탁 현황을 분석하여, 전국 민간위탁 사무의 관리 현황을 제시하고 있다.

배성기 지음
한국민간위탁경영구소
출간예정

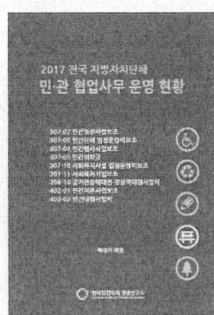

KCOMI 통계
2017 전국 지자체 민관협업사무 운영현황 0. 총괄

전국 지자체 민간위탁 사무의 집대성!
본 도서는 전국 243개 지방자치단체의 2017년 민간위탁 사업 현황을 분석한 통계 자료로서 국내에서 유일하게 민간위탁 현황을 분석하여, 전국 민간위탁 사무의 관리 현황을 제시하고 있다.

배성기 지음
한국민간위탁경영구소 / 16,000원
2017년 출간

KCOMI 통계
2017 중앙행정기관 및 그 소속기관 민간이전 운영현황

본 도서는 전국 342개 중앙행정기관 및 그 소속기관 전부를 대상으로 2017년 민간위탁 사업 현황을 분석한 통계 자료로서 국내에서 유일하게 민간위탁 현황을 분석하여, 전국 민간위탁 사무의 관리 현황을 제시하고 있다.

배성기 지음
한국민간위탁경영구소 / 8,000원
2017년 출간

KCOMI 통계
2017 전국 민간위탁 현황분석
민간경상사업보조사무(307-02)
민간단체법정운영비보조사무(307-03)

전국 지자체 민간위탁 사무의 집대성!
본 도서는 전국 243개 지방자치단체의 2017년 민간위탁 사업 현황을 분석한 통계 자료로서 국내에서 유일하게 민간위탁 현황을 분석하여, 전국 민간위탁 사무의 관리 현황을 제시하고 있다.

배성기 지음
한국민간위탁경영구소 / 28,000원
2017년 4월 출간

KCOMI 통계
2017 전국 민간위탁 현황분석
민간행사사업보조(307-04)
민간위탁금사무(307-05)
사회복지시설법정운영비보조사무(307-10)

전국 지자체 민간위탁 사무의 집대성!
본 도서는 전국 243개 지방자치단체의 2017년 민간위탁 사업 현황을 분석한 통계 자료로서 국내에서 유일하게 민간위탁 현황을 분석하여, 전국 민간위탁 사무의 관리 현황을 제시하고 있다.

배성기 지음
한국민간위탁경영구소 / 28,000원
2017년 4월 출간

KCOMI 통계
2017 전국 민간위탁 현황분석
사회복지사업보조사무(307-11)
공공기관등에대한경상적대행사업비(308-10)
민간자본사업보조사무(402-01)
민간대행사업비사무(402-02)

전국 지자체 민간위탁 사무의 집대성!
본 도서는 전국 243개 지방자치단체의 2017년 민간위탁 사업 현황을 분석한 통계 자료로서 국내에서 유일하게 민간위탁 현황을 분석하여, 전국 민간위탁 사무의 관리 현황을 제시하고 있다.

배성기 지음
한국민간위탁경영구소 / 28,000원
2017년 4월 출간

2016 전국 지방자치단체
민·관 협업사무 운영 현황 분석 I
민간경상사업보조사무(307-02)

전국 지방자치단체 민·관 협업사무의 집대성!
본 도서는 전국 17개 광역자치단체를 포함한 243개 지방자치단체의 2016년 민·관 협업사무 현황을 분석한 자료로서 국내에서 유일하게 민·관 협업사무 현황을 분석하여, 전국 민·관 협업사무의 관리 현황을 제시하고 있다.

배성기 지음
한국민간위탁경영구소 / 564페이지 / 30,000원
2016년 11월 출간

2016 전국 지방자치단체
민·관 협업사무 운영 현황 분석 II
민간단체법정운영비보조사무(307-03)
민간행사사업보조(307-04)

전국 지방자치단체 민·관 협업사무의 집대성!
본 도서는 전국 17개 광역자치단체를 포함한 243개 지방자치단체의 2016년 민·관 협업사무 현황을 분석한 자료로서 국내에서 유일하게 민·관 협업사무 현황을 분석하여, 전국 민·관 협업사무의 관리 현황을 제시하고 있다.

배성기 지음
한국민간위탁경영구소 / 302페이지 / 20,000원
2016년 11월 출간

2016 전국 지방자치단체
민·관 협업사무 운영 현황 분석 III
민간위탁금사무(307-05)
사회복지시설법정운영비보조사무(307-10)

전국 지방자치단체 민·관 협업사무의 집대성!
본 도서는 전국 17개 광역자치단체를 포함한 243개 지방자치단체의 2016년 민·관 협업사무 현황을 분석한 자료로서 국내에서 유일하게 민·관 협업사무 현황을 분석하여, 전국 민·관 협업사무의 관리 현황을 제시하고 있다.

배성기 지음
한국민간위탁경영구소 / 402페이지 / 24,000원
2016년 11월 출간

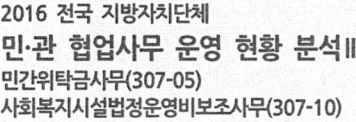

2016 전국 지방자치단체
민·관 협업사무 운영 현황 분석 IV
사회복지사업보조사무(307-11)
민간자본사업보조사무(402-01)
민간대행사업비사무(402-02)

전국 지방자치단체 민·관 협업사무의 집대성!
본 도서는 전국 17개 광역자치단체를 포함한 243개 지방자치단체의 2016년 민·관 협업사무 현황을 분석한 자료로서 국내에서 유일하게 민·관 협업사무 현황을 분석하여, 전국 민·관 협업사무의 관리 현황을 제시하고 있다.

배성기 지음
한국민간위탁경영구소 / 628페이지 / 33,000원
2016년 11월 출간

KCOMI 통계
2016 전국 민간위탁 현황분석

전국 지자체 민간위탁 사무의 집대성!
본 도서는 전국 17개 광역자치단체를 포함한 243개 지방자치단체의 2016년 민간위탁 사업 현황을 분석한 통계 자료로서 국내에서 유일하게 민간위탁 현황을 분석하여, 전국 민간위탁 사무의 관리 현황을 제시하고 있다.

배성기 지음
한국민간위탁경영구소 / 355페이지 / 15,000원
2016년 10월 출간

KCOMI 통계
2015 전국 민간위탁 현황분석

전국 지자체 민간위탁 사무의 집대성!
본 도서는 전국 17개 광역자치단체를 포함한 243개 지방자치단체의 2015년 민간위탁 사업 현황을 분석한 통계 자료로서 국내에서 유일하게 민간위탁 현황을 분석하여, 전국 민간위탁 사무의 관리 현황을 제시하고 있다.

배성기 지음
한국민간위탁경영구소 / 352페이지 / 15,000원
2015년 8월 출간

KCOMI 통계
2014 민간위탁 현황분석 I
전국지방자치단체

전국 지자체 민간위탁 사무의 집대성!
본 도서는 전국 17개 광역자치단체를 포함한 242개 지방자치단체 민간위탁 현황을 분석한 통계 자료로서 국내에서 유일하게 민간위탁 현황을 분석하여, 전국 민간위탁 사무의 관리 현황을 제시하고 있다.

배성기 지음
한국민간위탁경영구소 / 352페이지 / 15,000원
2014년 9월 출간

KCOMI 통계
2013 전국 민간위탁 운영현황 분석

본 도서는 민간위탁 본연의 목적과 기능을 유지하기 위해 발주처에서는 선택의 폭을 넓히고, 위탁기업들은 건전한 경쟁관계를 유도하기 위하여 전국 246개 지자체별 민간위탁 사무현황, 위탁예산현황, 위탁기업의 현황, 위탁기간 현황, 위탁자 선정방법 등을 조사·분석하였다.

배성기 지음
한국민간위탁경영연구소 / 513페이지 / 20,000원
2013년 8월 출간

● 민간위탁 운영 관리 매뉴얼

지방자치단체사무의 민간위탁서비스
운영관리매뉴얼 I
민간위탁조례 및 계약관리방안

민간위탁 성패의 키는 계약관리이다.
본 도서는 민간위탁 서비스를 공급함에 있어 사회적 문제와 이슈를 관리 할 수 있는 체계적인 조례 제정 및 계약관리방법론을 제시하고 있다.

배성기 지음
한국민간위탁경영구소 / 450페이지 / 40,000원
2012년 8월 출간

지방자치단체사무의 민간위탁서비스
운영관리매뉴얼 II
민간위탁 운영관리비용 산정

효율적인 서비스 제공을 위한 원가산정방법론 제시 민간위탁서비스의 대시민 만족도를 높이기 위한 시작은 적정한 비용산정과 지급에서 시작된다. 이를 위해 본 도서에서는 세부적인 원가산정 방법과 산정예시를 들어 설명하고 있다.

배성기 지음
한국민간위탁경영구소 / 409페이지 / 40,000원
2012년 8월 출간

지방자치단체사무의 민간위탁서비스
운영관리매뉴얼 III
민간위탁 서비스 평가

평가 없는 성장 없다.
본 도서에서는 민간위탁 서비스의 지속적인 성장 경영을 위한 경영학적 관리지표개발 및 서비스평가방안을 제시하고 있다.

배성기 지음
한국민간위탁경영구소 / 407페이지 / 40,000원
2012년 8월 출간

지방자치단체 민간투자사업 매뉴얼

지방자치단체 공무원들이 민간투자사업 정책 수립을 위한 전반적인 내용을 포괄적으로 다루어, 실무에 직접 적용할 수 있도록 방향을 제시하고 있다.

배성기 지음
한국민간위탁경영구소 / 247페이지 / 25,000원
2015년 9월 출간

● 민간위탁 서비스 경영

공공하수도시설 민간위탁 서비스경영

환경부통계를 기준으로 전국 공공하수처리시설 중 민간위탁으로 운영되는 시설은 318개소, 운영비는 5,000억 원, 운영인원은 3,642명이다. 민간위탁서비스의 질을 높이기 위해서는 시설관리만이 아닌 경영학적 기법이 도입된 체계적인 관리가 필요하다. 이를 위해서 본 도서에서는 공공하수도시설 민간위탁 서비스 경영을 위한 다양한 방안을 제시하고 있다.

배성기 · 안영진 · 박철휘 · 박종운 지음
한국민간위탁경영연구소 / 530페이지 / 40,000원
2012년 4월 출간

공공체육시설 민간위탁 서비스경영

전국 공공체육시설수는 15,137개소로 지속적으로 증가하고 있으며, 국민이 영위하고자 하는 공공체육서비스의 수준도 날로 증가 하고 있다. 이에 민간위탁으로 운영중인 공공체육시설의 서비스 수준의 향상을 위하여 본 도서에서는 공공체육시설 민간위탁 서비스 경영을 위한 다양한 방안을 제시하고 있다.

배성기 · 김영철 지음
한국민간위탁경영연구소 / 500페이지 / 40,000원

출간예정

관광시설 민간위탁 서비스경영

관광시설은 관광을 위한 편익을 제공하는 시설로서 숙박, 교통, 휴식시설 등을 통해 지역경제 활성화에 도움을 주고 있다. 이중 민간위탁으로 운영중인 관광시설을 대상으로 본 도서에서는 관광시설 민간위탁 서비스 경영을 위한 다양한 방안을 제시하고 있다.

배성기 · 김상원 · 김혜진 지음
한국민간위탁경영연구소 / 500페이지 / 40,000원
2015년 9월 출간

생활폐기물 수집 · 민간위탁 서비스경영

우리나라 일일 발생 생활폐기물량은 5만톤 수준으로 지자체에서는 소각, 매립, 재활용 등의 처리를 민간위탁을 통해 수행하고 있다. 본 도서는 민간위탁을 통해 생활폐기물을 처리하고 있는 지자체를 대상으로 효율적·효과적 관리기법을 제시하고 있다.

배성기 지음
한국민간위탁경영연구소 / 500페이지 / 40,000원
2012년 4월 출간

● 정부원가계산

공기업·준 정부기관·기타 공공기관
정부원가계산의 이론과 실제

공공감사법 적용대상기관인 중앙 41개 기관, 공공 272개 기관의 정부예산 지출시 합리적인 예산지출 및 효과성을 높이기 위해 본 도서는 정부원가계산의 올바른 방법을 이론과 사례를 기준으로 제시하고자 하였다.

배성기 지음
한국민간위탁경영연구소/400페이지/35,000원
2012년 8월 출간

● 사회적 기업 및 비영리 법인

사회적기업 및 비영리법인의
공공부문 계약 입찰

국가 공공서비스가 좀 더 선진화 되기 위해서는 많은 사회적기업 및 비영리법인이 공공서비스 분야의 입찰 참가를 해야 한다. 정부와 동격의 파트너십을 통해 국민 모두를 파트너십의 수혜자로 만들기 위해 친절하고 자세하게 계약 참여 안내를 하고 있다.

배성기 옮김
한국민간위탁경영연구소 · scotland.gov.uk
/250페이지/30,000원
2012년 8월 출간

● 기타 민간위탁 분야 도서

공공하수처리시설 민간위탁 서비스평가

평가없는 성장 없다.
본 도서는 현행 공공하수처리시설 민간위탁 평가에 대한 법적 근거 및 제도에 대한 고찰을 통하여 보다 합리적인 민간위탁 서비스 평가 방안을 제시하고 있다.

배성기 · 안영진 · 박철휘 · 박종운 지음
한국민간위탁경영연구소 / 316페이지 / 25,000원
2011년 12월 출간

큰 사회(BIG Society)

영국 캐머론 총리의 큰 사회는 공공서비스 향상을 추구하며, 개념적으로는 국가를 반대하지 않으며 다양한 증거를 바탕으로 영국 사회를 지원하고 사회적 욕구를 충족시키는 현재 국가의 능력에 대해 깊이 있게 고민한다. 이는 우리나라에도 시사하는 바가 크므로 소개하고자 하였다.

배성기 · 이화진 · 김태현 · 남효응 옮김
나남출판사 · UBP / 165페이지 / 15,000원
출간 예정

공공관리 번역 도서

분쟁 후 취약한 상황에서의 정부기능 및 정부서비스 민간위탁

본 역서는 원조의 비효율적 비효과적 집행을 방지하고, 수원국의 역량개발에 도움을 줄 수 있는 방안을 도모하여 현장실무자들과 정부의 정책입안자들과 협력하기 위한 안내서의 역할을 해 줄 것이다. 또한 선진국의 민간위탁제도 운영방법론은 국내에서 좋은 시사점을 제공하고 있다.

배성기 옮김
한국민간위탁경영연구소 · OECD / 165페이지 / 25,000원
2011년 11월 출간

지방정부 서비스계약 (Local Government Contract)

공공을 위한 최선의 거래를 추구하는데 있어서 책임성과 유연성, 공익성과 경제성 등을 최적으로 조합하는 것은 현대 서비스 계약업무의 핵심이다. 본 역서는 그 조합방식을 유용하게 제안하고 있다.

배성기 옮김
한국민간위탁경영연구소 · ICMA / 200페이지 / 30,000원
출간 예정

정부계약자들을 위한 가격책정 및 원가계산 (Pricing and Cost Accounting)

정부와 계약기간 중 요구사항을 준수하고, 이윤을 유지하기 위한 협상방법을 수록하고 있다. 입찰에 대한 변경 요구 사항은 가격책정 원가계산 하도급 계약변경을 수반하며 이에 대한 정보를 제공하고 있다.

배성기 옮김
한국민간위탁경영연구소 · MC / 220페이지 / 25,000원
출간예정

서비스 수준관리 (Service Level Management)

서비스 수준관리(SLM)는 서비스 업무범위를 정의하여 서비스제공에 따른 업무목표, 해당부서 및 책임부서를 기술하고 고객과 서비스 공급업체의 업무분담을 명확히 하여 서비스 공급업체와 고객 양측 모두의 기대와 목적을 충족시키기 위한 내용을 기술하고 있다.

배성기 옮김
한국민간위탁경영연구소 · TAS / 240페이지 / 25,000원
출간 예정

공공관리와 성과 (Public Management and Performance)

공공서비스 성과가 뜻하는 바가 무엇이고, 이와 관련한 연구의 주요 성과는 무엇인가? 왜 관리가 중요한가? 연구자, 정책결정자, 실무자들에게 주는 함의는 무엇이며, 향후 과제는 무엇인가? 에 대해 저자들은 이야기 하고 있다.

배성기 · 김윤경 · 김영철 옮김
한국민간위탁경영연구소 · 캠브리지대학출판사 / 200페이지 / 35,000원
2012년 8월 출간

사회기반시설 자산관리 (Infrastructure Asset Management)

자산관리의 목표, 서비스 제공능력과 자산상태의 구체적 목표를 검토하고, 자산관리 활동을 최적화 · 체계화하기 위해 현재의 서비스 제공능력과 자산상태(condition)를 비교한다. 또 최적의 의사결정을 위해 필요한 재정적 고려사항에 대해서도 요약하고 있다.

유인균 · 박미연 · 배성기 옮김
한국민간위탁경영연구소 · CIRIA / 200페이지 / 35,000원
2012년 8월 출간

지방지치단체 사회적가치구현을 위한 공공조달프레임워크

영국의 중앙 및 지방정부기관들은 최저가 대신 사회적 가치를 고려해 최고가치(Best Value)를 지닌 쪽을 선택하도록 규정과 지침을 만들어 공공조달에 적용하고 있다.

이에, 영국의 사회적 가치 구현을 위한 조달규정 및 지침관련 사례를 발굴하여 국내에 홍보·전파하고자 출간하게 되었다.

배성기
브릿지협동조합 / 170페이지 / 25,000원
2016년 4월 출간

지방자치단체 공공서비스 혁신
협동조합도시 런던시 램버스구

영국 런던시 램버스구, 협동조합방식의 지방자치단체 경영과 공공서비스 혁신을 가능하게 하는 영국의 법·제도적 환경, 지자체조례, 지자체 경영원칙, 사회적 · 경제적 · 환경적 가치구현을 위한 목표달성전략 및 프로세스등을 자세히 소개하고 있다.

배성기 지음
브릿지협동조합 / 184페이지 / 25,000원
2016년 5월 출간

출간 예정 도서

공공서비스 기획 |모범 기획 원칙|

Commissioning Public Services는 공공조달 기획담당자들을 위한 영국의 공공서비스 조달 기획 안내서로 지역고용, 양질의 일자리, 사회권·노동권 준수, 사회통합, 차별해소, 재분배 효과, 기업의 사회적 책임 이행도 등이 조달원칙의 핵심 고려사항으로 설계되고 입찰, 낙찰, 계약 이행 등 각 단계에서 사회적 가치를 가진 재화 및 서비스가 자연스럽게 경쟁력을 가질 수 있도록 체계가 구축되어 공공구매를 통한 사회적가치가 최대화될 수 있기를 바랍니다.

배성기 옮김
한국민간위탁경영연구소
2018년 5월 출간

공동체 편익 증대를 위한 안내서

장기간 경기침체와 부의 불평등 심화 그리고 인구의 수도권 집중은 취약계층에게 여러 가지 부담을 안겨주었고, 그 중 인간으로서 가장기본적인 살 공간과 관련된 주거문제에 직면하게 하였습니다. Community Benefit Clause Guidance Manual은 영국의 사회임대주택사업자가 주택의 운영 및 관리 서비스 조달 시 서비스 공급자로 하여금 지역공동체 편익을 구현하도록 계약조항으로 수립하는 방법을 설명한안내서입니다.

배성기 옮김
한국민간위탁경영연구소
2018년 5월 출간

민·관 파트너십 구성 및 운영을 위한 안내서

공공사회파트너십은 공공기관이 사회적경제조직들로부터 재화 및 서비스를 단순히 구매한다는 차원을 넘어 공공기관이 주도하는 공공부문과 사회적경제조직들로 구성된 사회적경제부문이 함께 공공서비스를 설계하고 생산하는 것을 핵심으로 하는 개념입니다. Public Social Partnerships은 공공부문과 사회적경제조직이 공동으로 참여하는 공공서비스에 대한 새로운 접근방법을 묘사하고 있습니다.

배성기 옮김
한국민간위탁경영연구소
2018년 5월 출간

사회적 가치 구현을 위한 안내서

사회적기업 육성 예산은 일자리창출 예산의 의미를 부여받고 있으며, 일자리 창출 엔진이라는 꼬리표가 사회적기업의 지원 예산을 확보하는데는 유용했으나 사회적기업의 정상적인 발전을 가로막는 부작용을 낳고 있는 것 또한 사실입니다. 따라서 사회적기업 육성예산은 이 사회적 부가가치(social added value) 창출의 엔진을 육성한다는 본래의 의미를 부여 받아야 할 필요성이 있습니다.

배성기 옮김
한국민간위탁경영연구소
2018년 5월 출간

사회적기업을 위한 사업기획 안내서

이 안내서는 영국의 사회적경제 전문기관인 FSD(Fourth Sector Development)가 사회적기업 창업을 고려하거나 성장을 도모하는 이들을 위해 개발한 7단계 전략에 기초하여 급변하는 사회경제적 환경에서 사회적경제 활동가들에게 사회적기업을 위한 사업계획을 사례와 함께 단계별로 설명하여 시간과 비용을 절감하고, 합리적 투자를 유도하여 사회적경제부문의 경쟁력 강화를 지원하고자 합니다.

배성기 옮김
한국민간위탁경영연구소
2018년 5월 출간

사회투자성과 개발 안내서

SROI는 2000년대 들어 미국의 비영리재단 REDF가 제안한 개념으로, 사회적기업이나 비영리 조직이 생산한 사회적 가치와 경제적 가치를 통합해 정량적으로 측정하는 방법론이며, 주관적인 판단이 개입하기 쉬운 사회적 가치를 화폐가치로 객관화했습니다. 한편, 사회적기업에 관해 오랜 전통을 갖고 있는 영국에서는 SROI가 제안되기 이전부터 다양한 방식으로 사회적기업의 비재무적 성과를 측정하기 위한 방법론이 모색되었습니다.

배성기 옮김
한국민간위탁경영연구소
2018년 5월 출간

협업기획 - 공공서비스 기획에 대한 새로운 사고

Collaborative Commissioning은 협업을 통한 공공서비스 기획과 관련된 영국사례로 사회적 가치 창출을 주된 목적으로 하는 사회적경제조직과 사회책임경영(CSR)기업 등이 공공시장에서 영리지향적 기업보다 경쟁 우위에 설 수 있도록 유도하고, 약 100조원이 넘는 공공조달시장의 상당 비율을 사회적경제에 친화적인 공공시장으로 전환될 수 있는 토대가 마련되는 계기가 되길 바랍니다.

배성기 옮김
한국민간위탁경영연구소
2018년 5월 출간

영국 중앙정부 및 지방정부 사회적 가치 구현 사례집

본 지침은 Highways England와 하도급업체가 2012년 공공서비스(사회적가치)법에 의한 서비스 공급과 관련된 사회적가치를 확인하고 구현하기 위한 접근방법을 설명한다.

배성기 옮김
한국민간위탁경영연구소
2018년 5월 출간

2022년도 공공기관
민간위탁 운영현황

초판인쇄 | 2022년 3월 13일
초판발행 | 2022년 3월 13일

발 행 처 | 한국민간위탁경영연구소
발 행 인 | 한국민간위탁경영연구소 소장 배성기
편 집 인 | 큰날개 편집부
편 낸 곳 | 출판사업부 『큰날개』
　　　　　서울시 성북구 종암로 167, 101-2001
　　　　　전화 02) 943-1947 팩스 02) 943-1948
　　　　　홈페이지 : www.bigwing.modoo.at
출판등록 | 제 307-2012-46 호
가　　격 | 8,000원

본서의 무단 복제를 금합니다.
출판물의 판권은 큰날개에 속합니다.
잘못된 책은 바꾸어 드립니다.

MEMO.

MEMO.

한국민간위탁경영연구소는 공공서비스 관리 혁신을 통해
더 나은 정부, 더 나은 사회, 더 많은 사업기회를 만들어 갑니다.

T. 02-943-1941 F. 02-943-1948 E. kcomi@kcomi.re.kr H. www.kcomi.re.kr

도서출판
큰날개

큰날개는 급변하는 국내의 사회 환경 가운데에서 다양한 의견을 수렴하여 인간이 추구하는
더 높은 이상향을 향해 나아가고자 하는 바람을 추구하는 출판전문기업입니다.
특히 사회적으로 가치 있는 콘텐츠를 가진 사람이라면 누구나 책을 출간 할 수 있고,
원하는 독자층에 도달 할 수 있도록 도와주는 퍼블리싱 파트너(Publishing Partner)가 되고자 합니다.

T. 02-943-1947 F. 02-943-1948 H. bigwing.modoo.at